A Ciência e as Ciências

FUNDAÇÃO EDITORA DA UNESP

Presidente do Conselho Curador
Herman Jacobus Cornelis Voorwald

Diretor-Presidente
José Castilho Marques Neto

Editor-Executivo
Jézio Hernani Bomfim Gutierre

Conselho Editorial Acadêmico
Alberto Tsuyoshi Ikeda
Áureo Busetto
Célia Aparecida Ferreira Tolentino
Eda Maria Góes
Elisabete Maniglia
Elisabeth Criscuolo Urbinati
Ildeberto Muniz de Almeida
Maria de Lourdes Ortiz Gandini Baldan
Nilson Ghirardello
Vicente Pleitez

Editores-Assistentes
Anderson Nobara
Fabiana Mioto
Jorge Pereira Filho

GILLES-GASTON GRANGER

A Ciência e as Ciências

Tradução de
Roberto Leal Ferreira

© 1993 by Presses Universitaires de France
Título original em francês: *La science et les sciences*.

© 1994 da tradução brasileira:
Fundação Editora da Unesp (FEU)

Praça da Sé, 108
01001-900 – São Paulo – SP
Tel.: (0xx11) 3242-7171
Fax: (0xx11) 3242-7172
www.editoraunesp.com.br
www.livrariaunesp.com.br
feu@editora.unesp.br

Dados Internacionais de Catalogação na Publicação (CIP)
(Câmara Brasileira do Livro, SP, Brasil)

Granger, Gilles-Gaston, 1920-
A ciência e as ciências / Gilles-Gaston Granger; tradução de Roberto Leal Ferreira. – São Paulo: Editora Unesp, 1994. – (Ariadne).

Bibliografia.
ISBN 85-7139-064-9

1. Ciência 2. Ciência – Filosofia I. Título. II. Série.

94-2563   CDD–501

Índice para catálogo sistemático:
1. Ciência: Filosofia 501

Editora afiliada

Asociación de Editoriales Universitarias
de América Latina y el Caribe

Associação Brasileira de
Editoras Universitárias

Sumário

Prefácio à edição brasileira   *7*

Preâmbulo   *9*

1. Os problemas de uma "Idade da ciência"   *11*

    I. O desenvolvimento explosivo da ciência   *11*

    II. A ciência e a vida quotidiana   *16*

    III. A vulgarização de uma ideia da ciência   *17*

    IV. Os novos problemas éticos   *19*

2. Deve-se confundir conhecimento científico e saberes técnicos?   *23*

    I. Uma ideia antiga sobre as relações entre as ciências e os saberes técnicos: Aristóteles   *23*

    II. Das técnicas empíricas às técnicas científicas   *25*

    III. Ciência, técnica e produção de massa   *36*

3. Diversidade dos métodos e unidade de visão   *41*

    I. Pluralidade dos métodos e *anarquismo* metodológico   *42*

    II. Três traços característicos da visão científica   *45*

    III. As linguagens da ciência   *51*

4. Ciências *formais* e ciências da empiria   59

   I. Os objetos matemáticos   59
   II. Demonstração e verdade nas matemáticas   66
   III. Os objetos das ciências da empiria   70
   IV. As teorias   76
   V. A validação dos enunciados das ciências empíricas   78

5. Ciências da natureza e ciências do homem   85

   I. O caso limite da história   86
   II. Conceitualização e observação   87
   III. O emprego das matemáticas   92
   IV. A validação dos enunciados   97

6. A evolução das verdades científicas   101

   I. Continuidade e descontinuidade da história das ciências   101
   II. As descontinuidades internas da história das ciências   105
   III. A ideia de progresso científico   108

Conclusão   113

Léxico de alguns termos científicos   115

Bibliografia   123

Prefácio à Edição Brasileira

Este pequeno livro, após quarenta anos de intervalo, serve, por assim dizer, de *pendant* ao manual que, jovem professor da Universidade de São Paulo, publiquei com o título de *Lógica e filosofia das ciências* e, na coleção Que sais-je?, como *La raison*, pouco depois traduzido para o português.

Portanto, é para mim, cujos laços com o Brasil são tão antigos e tão fortes, uma satisfação imensa ver também traduzido em português *A ciência e as ciências*.

Nele se encontrarão, numa forma resumida e, creio, acessível até ao leitor não filósofo, as reflexões sobre a natureza, o valor e o alcance do saber científico que uma caminhada já longa me inspirou. Alegro-me, pois, em pensar que os leitores brasileiros poderão lê-lo em sua língua e lhes sou antecipadamente grato pela atenção que terão a gentileza de lhe prestar.

Cassiopée, 20 de maio de 1994.

Preâmbulo

1. Hoje, no teatro desmedidamente extenso das representações de nosso mundo oferecidas a todos pelos textos e pelas imagens, a ciência certamente aparece como uma personagem essencial. Misteriosa, porque o pormenor de sua figura não está ao alcance dos próprios cientistas; tutelar, porque dela dependem as maravilhosas máquinas que povoam os lugares em que vivemos; inquietante, porque estamos conscientes dos poderes antinaturais e aparentemente ilimitados que um tal saber foi e será capaz de desencadear.

Informar-se sobre a natureza e a extensão do que muitas vezes se chamou de "conquistas" da ciência parece realmente ser, na proporção das aptidões e da cultura de cada um, o interesse de todos. Este pequeno livro será consagrado a esboçar uma tal reflexão, deixando, porém, deliberadamente de lado, na medida do possível, as considerações mais técnicas a que, em outras obras, seu autor se dedicou.

2. No Capítulo primeiro, recensearemos os problemas de uma Idade da ciência que, justamente, se colocam na medida em que a ciência hoje faz parte, a títulos diversos, da vida quotidiana dos indivíduos e das sociedades. Observe-se que as coisas não eram assim algum tempo atrás. Sem dúvida, é preciso datar este fenômeno do início do pós-Segunda Guerra Mundial. Ele aparentemente foi provocado, primeiro, pela penetração brutal das aplicações da ciência

nas técnicas militares, com o golpe de teatro da bomba atômica; depois, pela invasão generalizada das máquinas audiovisuais; mais recentemente ainda, pelas tentativas de manipulação da intimidade mesma da vida.

O Capítulo segundo tentará elucidar a origem de um erro hoje bastante característico desta Idade da ciência, que consiste em confundir o *saber técnico* com o conhecimento científico. Resulta daí uma cegueira que, em alguns, leva a uma espécie de idolatria do que acreditam ser a ciência e, em outros, inversamente, a um desprezo por um conhecimento tido por eles como terra a terra e dotado de um alcance apenas material.

O Capítulo terceiro examinará o problema colocado pela pluralidade dos métodos adaptados aos diversos objetos da ciência. A questão principal será a da significação de uma *unidade* do pensamento científico, apesar de sua flexibilidade.

O Capítulo quarto, o mais longo, descreverá dois grandes tipos de conhecimento científico, suas diferenças de objetos, de métodos e as relações que têm entre si: as ciências matemáticas e as ciências da empiria.

O Capítulo quinto colocará, no prolongamento do precedente, os problemas específicos de um conhecimento científico dos fatos humanos.

No Capítulo sexto, finalmente, interpretaremos a evolução das verdades científicas enquanto ela é realmente um progresso, apesar do paradoxo que provoca. Pois o que era admitido pela ciência de ontem pode muito bem ser, em certo sentido, recusado pela ciência de hoje ou de amanhã. É esse "certo sentido" que teremos de explicar, justificando, assim, a solidez fundamental desse conhecimento evolutivo.

Concluiremos tentando responder a uma interrogação: tem limites a ciência? Existem áreas reservadas que ela não seria capaz de abordar? Que relação deve ela manter com outras formas de saber?

As palavras assinaladas por um asterisco são definidas e explicadas no "Léxico de alguns termos científicos".

1

Os Problemas de uma "Idade da Ciência"

I. O desenvolvimento explosivo da ciência

Podemos certamente qualificar esta segunda metade do século XX como a Idade da ciência.[1] Isto, por certo, não significa menosprezar o papel e a importância do conhecimento científico no século XIX, que assistiu ao nascimento, entre outros, da termodinâmica e da teoria dos fenômenos elétricos, com suas promessas de consequências extraordinárias para a explicação dos fenômenos da natureza e suas primeiras aplicações à indústria. Mas o período que vivemos não só é o herdeiro dessas conquistas fundamentais, mas também oferece o espetáculo de renovações e de desenvolvimentos sem precedentes na história da ciência, pelo número e pela diversidade. Além disso, acontece que um tão prodigioso desabrochar de novos saberes tem repercussões nunca antes atestadas na vida individual e social dos homens.

As recentes conquistas das ciências ora constituem o desenvolvimento, a exploração e a maturação de ideias essenciais já aventadas no início deste século ou no fim do

---

1. Este é o título dado a uma efêmera revista filosófica, fundada em 1968 por Jules Vuillemin e por mim (Ed. Dunod); título retomado por nós em 1988 (Ed. Odile Jacob).

século passado, como, por exemplo, as duas teorias da relatividade, ora são inovações aparentemente mais radicais, como nas áreas da bioquímica e da estrutura do genoma. Evidentemente, uma descoberta científica nunca aparece a partir de um nada de conhecimento, e para cada uma das mais espetaculares inovações de nossa época poderíamos encontrar não propriamente *precursores*, mas ideias mais ou menos precisas que prepararam o seu advento em épocas anteriores. E esta segunda metade do século talvez não seja particularmente fértil em novidades fundamentais, *cientificamente* revolucionárias. Sem dúvida, ela é grandemente tributária dos avanços ocorridos no início do século ou no final do século passado. Mas ela é excepcionalmente rica em desenvolvimentos e em aplicações, e é esta riqueza que lhe pode valer, com todo o direito, o epíteto de "Idade da ciência". Ressaltemos em meio à desordem, e sem pretendermos, de modo algum, a exaustão, alguns fatos de primeira grandeza, muito significativos nesta história recente da ciência.

1. Comecemos com um fato ainda futuro, mas cuja realização já está em ampla medida iniciada, com um êxito sem dúvida longínquo mas garantido: a produção de energia utilizável por fusão nuclear, que seria uma fonte praticamente inesgotável, já que a sua matéria é o hidrogênio, embora, é verdade, sob formas naturalmente raras.

2. Um acontecimento ocorrido em 1969, a alunissagem dos americanos, seguida em 1970 do envio da sonda soviética Luna à Lua. Assim começava uma era de exploração espacial rica em descobertas acerca da estrutura do universo e, também, em subprodutos técnicos mais terra a terra.

3. A descoberta, fortuita, em 1965, do "ruído de fundo" universal e estável, correspondente a uma radiação de ondas centimétricas de um espectro idêntico ao que seria emitido pelo "corpo negro"* a 2,75 °K. Uma das interpretações possíveis desta descoberta confirmaria com certa plausibilidade a teoria formulada por Gamow (1948-1954) de uma expansão do universo a partir de um ponto singular, de altíssima densidade e elevadíssima temperatura, "origem"

de sua história, caracterizada por leis da física desconhecidas, provavelmente diferentes das que aplicamos com sucesso ao universo atual. Descoberta e conjectura que abrem não só todo um campo de hipóteses matemáticas, mas também, para a vulgarização, um universo de especulações que dá vida nova aos velhos sonhos sobre a origem do universo.

4. Em 1948, a invenção do transistor, derivado de uma teoria dos semicondutores,* cujas consequências práticas são extraordinárias, já que, aperfeiçoado sem cessar em suas características e em sua produção industrial, o transistor permitiu, por exemplo, a criação das diversas técnicas médicas por imagens, revolucionou as técnicas de radiotelevisão e desenvolveu de maneira formidável a técnica dos computadores e dos robôs de toda espécie.

5. A descoberta dos antibióticos, já feita para a penicilina de Fleming em 1928, é confirmada e amplamente desenvolvida a partir da descoberta da cloromicetina, em 1947.

6. A descoberta da estrutura em dupla hélice do DNA, em 1953, e a "explicação" de seus mecanismos, em 1961, seguidas de contínuos progressos na "decifração" do código genético.

7. É impossível apontar acontecimentos matemáticos maiores no período atual, pois a expressão de tais acontecimentos exige, na maior parte dos casos, que se aprofunde muito a exposição das teorias, sem o que os próprios termos da exposição ficam sem sentido. De resto, a especialização na abstração é hoje tal, que é muito difícil, mesmo para os poucos matemáticos mais universais e mais eruditos de hoje, descobrir os caminhos de passagem e os fios condutores. Eu tentarei, porém, escolher, baseado em meu próprio gosto, três fatos significativos ocorridos desde 1950.

a) Uma criação conceitual, as distribuições, que generalizam em certo sentido e unificam as noções de função e de medida (década de 1960).

b) Uma demonstração a respeito da estrutura lógica geral das matemáticas: a da independência da "hipótese do contínuo"* e do *axioma de escolha* relativamente aos axiomas clássicos da teoria dos conjuntos e, por conseguinte, de sua não decidibilidade nessa teoria (década de 1960).

c) Resultados originais e profundos relativos ao conceito novo de "complexidade" de um programa de cálculo, dando provas da abertura de um campo novo, graças à teoria abstrata dos computadores.

8. No caso das ciências humanas, não é fácil, embora por outras razões, designar neste período eventos de que tenhamos certeza que marcarão época. Assinalarei, porém, dois deles, correndo o risco de tomar uma decisão arbitrária: a publicação, em 1949, das *Estruturas elementares de parentesco*, de Claude Lévi-Strauss, e a publicação, em 1957, de *Syntactic structures*, de Noam Chomsky. O primeiro livro abre novas trilhas na etnologia; o segundo, na linguística, mesmo se estas inovações tenham ambas sido amplamente discutidas e contestadas.

Esta breve e muito incompleta resenha exige uma primeira observação. Nela constatamos, no que diz respeito às ciências físico-químicas e biológicas, uma imbricação dos conhecimentos científicos propriamente ditos e dos conhecimentos técnicos no sentido mais amplo. Não há nenhuma dúvida de que essa associação demonstra o caráter necessariamente *aplicado* da ciência contemporânea. Gaston Bachelard foi um dos primeiros a ressaltar este aspecto da ciência atual; ele define em exemplos tomados sobretudo das ciências físico-químicas o que chama de "fenomenotécnicas", construções de novos *objetos de conhecimento*, em relação direta com as operações de uma técnica. Mas essa associação, por mais inevitável e por mais essencial que se tenha tornado tanto para uma quanto para a outra, não deixa, em compensação, de ocultar uma profunda diferença de objetivos entre o pensamento científico e o pensamento técnico; é o que teremos de elucidar num próximo capítulo.

Prosseguiremos com uma segunda observação: nesta resenha, as ciências humanas estão pouco representadas, e com algumas reservas. Sem dúvida, pode-se questionar essa quase ausência e atribuí-la a uma opção pessoal do presente autor. No entanto, não acreditamos que algum observador de boa-fé possa apontar, no período em questão, uma descoberta ou uma formulação teórica nova acerca dos fatos humanos que pretenda *colocar-se em pé de igualdade* com as que foram indicadas nas ciências da natureza ou nas matemáticas. Há aí uma dissimetria à qual teremos de voltar no Capítulo quarto, cujas consequências são evidentes no que diz respeito à extensão e às modalidades do impacto dos conhecimentos científicos sobre a vida dos homens.

Impõe-se uma terceira observação: pode-se explicar esse desenvolvimento explosivo das ciências, pelo menos o das ciências da natureza inanimada e da vida? Uma explicação conveniente e bastante completa caberia, justamente, a uma das ciências humanas, a sociologia da ciência, que atualmente vai pouco além da observação imediata dos fatos, armada de um pouco de estatística e do raciocínio de senso comum. Instrumentos rudimentares que permitem somente estabelecer que a Segunda Guerra Mundial, dando prioridade às necessidades técnicas dos beligerantes para a obtenção da supremacia, por um lado orientou energicamente em certas direções a pesquisa científica aplicada (física atômica, radar, foguetes) e, por outro, contribuiu para consolidar e desenvolver o hábito de fazer com que o financiamento do Estado desempenhe um papel importante na pesquisa científica.

Enfim, uma última observação: um corpo de pesquisadores profissionais foi progressivamente se constituindo e se fortalecendo, cada vez mais volumoso nos países industrialmente avançados. Em 1980, a Unesco recenseava 2.600 pesquisadores por milhão de habitantes nesses países (e pouco mais de 100 nos outros). Na França, o CNRS (Centre National de la Recherche Scientifique), fundado em 1936, conta atualmente (1992) com 26 mil pesquisadores ou técnicos; e o conjunto de todos os organismos de pesquisa contava, em 1984, com mais de 300 mil assalariados. Uma concentração tão maciça, ainda que possa ser considerada insuficiente diante das necessidades e da crescente especialização do saber, não pode deixar de ser, senão um fator, pelo menos um sinal da penetração da ciência em nossas sociedades.

II. A ciência e a vida quotidiana

E essa penetração manifesta-se, de fato, em nossa vida quotidiana, uma vez que os objetos que utilizamos e de que estamos rodeados são produtos da técnica e, por assim dizer, estão *impregnados* de pensamento científico. Para ficar com um só exemplo, na França, 896 famílias em cada mil têm televisão; em 1986, existiam mais de 70 mil microcomputadores. Mas é preciso notar que essa penetração da ciência é *anônima*, já que a maioria de nós ignora completamente os seus modos de intervenção. Só causam espanto as *performances* visíveis propriamente técnicas, e mesmo assim o hábito atenua, num grande número de usuários, a maravilha que essas façanhas suscitaram inicialmente. No entanto, é fundamentalmente por intermédio do objeto técnico que a ciência nos toca em nossa vida quotidiana. Por isso, é grande o risco de confundir pensamento científico e saber técnico, como já frisamos.

Mas não faríamos essa observação banal se o fenômeno social de penetração da ciência com a mediação da técnica não constituísse uma característica relativamente recente das civilizações. No mundo antigo, para um grego, para um romano, ou ainda menos para um egípcio ou para um babilônio, os objetos técnicos que os rodeavam não eram, em geral, *sinais* de ciência. Por mais engenhosamente concebidos e habilmente executados que fossem os canais de irrigação, os moinhos de trigo, as tecelagens, os navios, as clepsidras, nenhum desses produtos de uma técnica não raro muito elaborada realmente derivava da aplicação de um conhecimento científico. No máximo, os relógios solares e, tardiamente, os relógios d'água aperfeiçoados pelos mecânicos alexandrinos, que indicavam as horas de cada dia do ano de acordo com a posição do Sol na eclíptica, dependiam diretamente de um saber astronômico. E, da mesma forma, a arte do médico e do cirurgião certamente evocava também um conhecimento científico mais ou menos no sentido em que a entendemos. Mas só muito mais tarde, a partir do fim do século XVII, ciência e técnica realmente se uniram por laços indissolúveis. Porém, é claro para todos, hoje, que toda proeza técnica reflete um avanço do conhecimento científico, mesmo se a natureza e a força desse laço continuem sendo um mistério para a maioria.

III. A vulgarização de uma ideia da ciência

Independentemente da penetração "anônima" da ciência em nossa vida quotidiana, nossa época se caracteriza também pela presença quase universal, mas difusa, de representações do pensamento científico. Essas ideias que uma grande parte de nossos contemporâneos têm da ciência provêm de fontes de vulgarização ou, se se preferir, de divulgação, de níveis muito diferentes. Seus veículos são os jornais, as revistas, o rádio, a televisão, na maioria das vezes por meio da notícia de uma "descoberta", mais ou menos atestada e de maior ou menor importância, mas também um grande número de livros e de revistas especializadas, destinados a atingir públicos de variados graus de preparação. Tais publicações já existiam no século passado, mas em número muito menor, e visavam a uma população menos extensa de leitores geralmente bem informados. Essa extensão da literatura de vulgarização científica é concomitante à formação ou, pelo menos, ao desenvolvimento de uma classe de "jornalistas científicos", verdadeiros vetores da ideia de ciência no conjunto da população, para o bem e para o mal. E isso tanto quando, convenientemente competentes e conscienciosos, eles se esforçam, sem dogmatismo e com prudência, em pôr ao alcance de um público sem grande formação alguma descoberta ou alguma teoria, como quando, pelo contrário, caem no sensacionalismo, vestindo com as cores do maravilhoso, do misterioso e do formidável eventos científicos que não pretendem de modo algum fazer compreender e julgar.

Daí uma grande heterogeneidade das ideias que a maioria de nossos contemporâneos podem ter da ciência. Para alguns, a ênfase é colocada nos poderes, que eles temem ou, pelo contrário, em que têm a fé do carvoeiro. Outros, em compensação, retendo o lado maravilhoso da ciência, estão prontos para aproximá-la da magia e, ao mesmo tempo, se veem paradoxalmente abertos a todo tipo de crenças, recusando-se a uma crítica racional. Essas crenças incontroladas satisfazem a um gosto pelo mistério sustentado por uma ideia *vaga* da ciência. Aceitar-se-ão sem crítica as narrativas de discos voadores, de fenômenos paranormais, as predições dos astrólogos, sob a caução, aliás, do cálculo efetivamente científico, mas não da influência dos astros, e sim de sua posição num dado momento. Justificar-se-ão essas crenças afirmando que esses fatos não são, afinal de contas, mais estranhos (para o ignorante) do que os próprios fatos científicos explorados pela técnica e, contraditoriamente, postulando, por reação, que existem áreas inacessíveis à ciência. Assim, a vulgarização de uma ideia onipresente da ciência é capaz de induzir a atitudes perversas do próprio ponto de vista da ciência, diante de fatos mal conhecidos ou inexplicados.

É, porém, relativamente às explicações científicas novas que se manifesta mais claramente o sentido de um verdadeiro comércio com a ideia de ciência. Como escreve o matemático filósofo René Thom:

> É cientificamente culto aquele que, diante da notícia de um sucesso científico recente, é capaz de avaliar a sua amplitude real e de descontar a parte do exagero demasiado frequente com o qual os periódicos de vulgarização (e às vezes

até as publicações científicas) anunciam a importância de uma descoberta.[2]

Uma tal capacidade de julgamento, de que devemos cuidar para não nos gabarmos levianamente, talvez não suponha – é o que garante Thom – um conhecimento enciclopédico; em todo caso, ela exige uma ideia adequada e ponderada do que signifique a ciência. E viver na Idade da ciência não permite de modo algum concluir que seja fácil formar essa ideia.

IV. Os novos problemas éticos

Uma das características mais significativas desta Idade da ciência deve agora ser sublinhada. É a importância e a urgência que nela assumem problemas éticos decorrentes da prática científica. A palavra "ética" aqui empregada exige um primeiro comentário. Trata-se da própria palavra grega, que nos foi diretamente transmitida e, de acordo com essa origem, designa o que se refere aos costumes, mas remete, por exemplo em Aristóteles, a uma arte de viver, a uma doutrina do "bem", no sentido mais amplo: o bem-estar. Ou, se temermos uma confusão de linguagem, a uma doutrina do "estar bem". Essa doutrina, que para o filósofo é uma ciência no sentido em que ele entende a palavra, domina todos os outros conhecimentos, uma vez que deve fornecer o meio de se reconhecer e de se buscar racionalmente em nossas ações o bem, e até mesmo o "bem supremo, o melhor" (*Ética a Nicômaco*, II, 1). Ora, uma tal doutrina é imediatamente identificada ao que Aristóteles chama de *Política*, ou seja, a ciência que, tratando da organização de uma coletividade, visa ao bem de todos, que é "mais belo e mais divino" do que o mero bem do indivíduo (ibid.). Assim, diz Aristóteles que o tratado que trará o título de *Ética a Nicômaco* "é, de alguma maneira, um tratado de política".

---
2. Em *L'état des sciences*, Éditions de la Découverte, 1991, p. 147.

A especificidade dos problemas éticos propostos pela ciência às sociedades contemporâneas ultrapassa em muito esse quadro. O seu tema geral pode ser assim descrito: deve-se deixar à ciência em marcha a *liberdade total* de explorar todos os seus caminhos de pesquisa, sabendo que seus resultados poderão eventualmente ser utilizados contra o que reconhecemos ser o bem coletivo? Ou ainda: são os cientistas *responsáveis* pelas consequências nefastas do saber que produziram? A primeira circunstância por ocasião da qual a questão, sobretudo quando formulada sob esse segundo aspecto, se colocou parece ter sido a utilização da bomba atômica, em 1945. Alguns, então, transferirão a responsabilidade da aplicação do saber aos governantes, em conformidade com a identificação aristotélica do ético e do político. Outros insistirão, pelo contrário, na necessidade, para cada indivíduo e, por conseguinte, para o pesquisador, de submeter ele próprio seus atos a um julgamento moral esclarecido, até mesmo em sua busca do conhecimento.

Mas o que nos interessa particularmente aqui refere-se, de preferência, à primeira formulação proposta: deve-se limitar e restringir por decretos o campo da investigação científica, em razão de aplicações potencialmente nefastas? É de fato assim que se apresentam essencialmente, hoje, os problemas éticos colocados pela ciência. Citemos, a título de exemplo, os problemas provocados pela segurança das instalações nucleares, a proliferação do lixo atômico, a existência de um "buraco de ozônio", a engenharia genética, a procriação com auxílio médico, os transplantes de órgãos, o prolongamento artificial da vida por aparelhos. Deve-se notar que, em cada um desses casos, o fenômeno em questão diz respeito diretamente a certas aplicações do conhecimento, mais do que ao próprio conhecimento, ficando subentendido o postulado de que, em nossas sociedades, um conhecimento, uma vez estabelecido, encontrará necessariamente, para o mal ou para o bem, quem o aplique. Entende-se que a ideia de uma restrição ou, pelo menos, de uma regulamentação da própria pesquisa possa, então, nascer no interior da sociedade. Entendo que a questão é, num caso desses, decidir se essa regulamentação pode e deve ser concebida por um poder político ou se ela pode e deve emanar de um consenso da comunidade dos próprios cientistas. Os pródromos de um tal consenso já apareceram por ocasião da bomba atômica. E talvez esteja começando a acontecer o mesmo no que diz respeito às consequências do saber biomédico ante os valores atribuídos à vida. É aí que as questões se tornam éticas no sentido mais estrito, de defesa e manutenção de valores fundamentais, e é isso o que manifesta a criação na França, por parte do governo, de um "Comitê de Ética", formado em princípio por especialistas, que deve dar seu parecer sobre esses problemas. Mais uma vez, não é o desenvolvimento da pesquisa científica que seria preciso refrear, e sem dúvida uma tal coerção é, pelo menos a longo prazo, impossível. Demonstrou-o pouco tempo atrás o fracasso final dessas tentativas de disciplinamento sob regimes totalitários: não se poderia deter por muito tempo o desenvolvimento de uma física relativista, por ser uma "teoria judia", nem o de uma genética, porque fosse uma "ciência burguesa". Mesmo invocando razões mais convincentes, é lícito duvidar que tais medidas sejam afinal eficazes.

Assim, os problemas éticos levantados hoje em dia pelo desenvolvimento das aplicações da ciência só podem ser, em última instância, resolvidos por uma autorregulação consentida pelos próprios cientistas, que, porém, não poderia consistir em proibir a pesquisa de certos saberes, e sim em constatar exatamente sua extensão e suas consequências e, eventualmente, em decidir pausas provisórias, "moratórias" para reflexão. O papel do poder político, então, não seria mais do que o de consultar sobre esses pontos o conjunto do corpo social, de tirar daí as consequências jurídicas e de controlar, sem dúvida autoritariamente, se preciso, as *aplicações* desses saberes.

2

Deve-se Confundir Conhecimento Científico e Saberes Técnicos?

Frisamos, no capítulo anterior, a diferença entre conhecimento científico e técnico, porque atualmente é evidente o risco de confusão. No entanto, não se deve concluir daí que o saber técnico não seja um conhecimento autêntico. Pelo contrário, cumpre precisar a sua natureza e mostrar que laços se teceram e se estreitaram entre o conhecimento científico e esses saberes.

I. Uma ideia antiga sobre as relações entre as ciências e os saberes técnicos: Aristóteles

Para melhor compreendermos a novidade da situação da técnica na Idade da ciência, começaremos por uma exposição sumária da concepção aristotélica, certamente uma das mais elaboradas do pensamento antigo.

Trata-se de um sistema completo do conhecimento, hierarquizado, e cujas distinções mais essenciais dependem da natureza dos *objetos* a conhecer. Não se trata, evidentemente, de interpretar e de comentar agora, em pormenor, essa peça monumental, complexa e matizada da filosofia do Estagirita. Gostaríamos, apenas, de nela situar, sem demasiadas inexatidões, a ciência e o que Aristóteles chama de

Techné, palavra não raro traduzida por "arte", entendida no mais amplo sentido.

O primeiro nível do conhecer, fundamental para Aristóteles, é a *sensação*, contato imediato com o mundo, que não está espontaneamente articulada num simbolismo como o da língua, nem requer um fundamento de discurso e raciocínio. Unida à memória, rastro de sensações repetidas, ela constitui a *experiência* (*Empeiria*), que já associa num juízo percepções individuais a uma imagem genérica. Ela é fonte tanto da ciência como da "arte".

Esta última já vai além da mera imagem genérica e introduz conceitos. Quando, diz Aristóteles (*Metafísica*, A, 1, 981 *a* 10), julgamos que tal remédio trouxe alívio ao indivíduo Kallias quanto a tal doença e que ele alivia também a Sócrates, assim como a outros que sofrem do mesmo mal, trata-se de uma experiência. Mas se julgarmos que esse remédio trouxe alívio a todos os que sofrem do mesmo mal – considerados, então, sob um conceito único: os fleumáticos, os biliosos etc. –, trata-se de arte.

A ciência (*Episteme*) se distinguirá da *Techné* em primeiro lugar porque, mais exatamente e mais completamente do que a "arte", ela deve poder exprimir-se numa linguagem e ser comunicável pelo ensino (*Ética a Nicômaco*, VI, 1139 *b* 25). Mas ela se distinguirá da arte, sobretudo, pela natureza dos objetos a que se aplica: "O que é objeto de ciência necessariamente é". Não que Aristóteles se recuse a admitir uma ciência do movimento e da mudança (a Física); mas, nesse caso, há ciência do que é invariante nas coisas cambiantes e em seus modos de mudança. A arte, pelo contrário, diz respeito à mudança enquanto tal e, por conseguinte, aos aspectos contingentes do individual, na medida em que visa à "geração de uma obra e ao conhecimento dos meios para criar coisas que poderiam ser ou não ser e cujo princípio de existência reside no criador e não na coisa criada" (*Ética a Nicômaco*, VI). A *Techné* aristotélica nem por isso deixa de ser uma forma de conhecimento, e até mesmo de "conhecimento razoado" (*Meta Logou*), ao passo que a ciência lhe é superior por se referir ao necessário e permitir a demonstração.

Desta excursão pela filosofia antiga, reteremos, por um lado, que o que hoje chamamos de técnicas constitui verdadeiros saberes; que eles não poderiam, por outro lado, ser identificados com as ciências, de que não possuem nem o caráter desinteressado, nem a virtude demonstrativa, ou pelo menos explicativa; que formam, finalmente, a passagem dos conhecimentos propriamente científicos para as realizações circunstanciadas do *trabalho* efetivo de produção de coisas e de direção de nossas ações.

II. Das técnicas empíricas às técnicas científicas

1. Mas não se deve imaginar que, já nos primeiros momentos da história dos homens, os saberes técnicos se tenham situado no prolongamento dos saberes científicos previamente constituídos. Gostaríamos de mostrar, através de alguns exemplos históricos, como se desenvolveu o processo progressivo de associação dos saberes técnicos à ciência, ao mesmo tempo que ficará claro, porém, o caráter original e relativamente autônomo da história das técnicas.

Qualificamos, aqui, como "empíricas" as técnicas que não estão penetradas de saber científico, tomando a palavra não mais no sentido dos filósofos, mas antes no sentido comum, mais vago, de conhecimentos derivados diretamente das experiências e das práticas, e não tirados de explicações teóricas. Tais saberes são também caracterizados por seu modo de transmissão, que se realiza essencialmente por tradição oral, às vezes por escritos meio esotéricos, até que a invenção da imprensa permita a publicação de tratados que ainda são principalmente coletâneas de receitas e de descrições de procedimentos legados por séculos de prática; como o *De re metallica* (Sobre a metalurgia), de Agricola (1528), ou o *Théâtre d'agriculture*, de Olivier de Serres (1599). Essas receitas e procedimentos são, na época, muito estáveis: na metalurgia, as técnicas de tratamento do minério de ferro pouco variaram desde a invenção capital do alto--forno, na segunda metade do século XIV, até o século XVIII. Essas técnicas, embora eficazes, estão muitas vezes associadas a crenças supersticiosas ou sem fundamento, como, por exemplo, no caso da pesquisa dos filões minerais, as considerações astrológicas e as supostas virtudes da varinha de aveleira. Os progressos são, então, no sentido pleno da palavra, *invenções* devidas à engenhosidade ou ao gênio de alguns indivíduos, que no mais das vezes foram precedidas, é verdade, por tentativas menos felizes, mas sugestivas. Leonardo da Vinci é, sem dúvida, o mais célebre desses inventores, mesmo se um grande número de suas invenções permaneceram no estado de projetos ou até de ideias irrealizáveis praticamente na época. Aliás, a noção de "patente de invenção" nasce muito cedo, sem dúvida na Itália da segunda metade do século XV. Há aí um sinal bastante claro da diferença percebida entre o aperfeiçoamento de um saber técnico e uma descoberta científica, que ninguém pensaria em proteger com uma patente...

2. Por mais empíricos que sejam esses saberes, eles não deixam de integrar o conjunto da cultura na época do Renascimento. A principal causa disso é, sem dúvida, que, na época, muitos inventores são ao mesmo tempo artistas, responsáveis por grandes obras e cortesãos, e que a imprensa permitiu a difusão de tratados como os que citamos mais acima. Esta integração, ao impedir que os inovadores do saber técnico ficassem à margem da corrente geral de evolução do pensamento – como foi, aparentemente, o caso na Antiguidade, com as exceções notáveis de Arquimedes e de alguns alexandrinos –, certamente condicionou ou facilitou a instauração de relações recíprocas estreitas entre a técnica e a ciência, pois se, como veremos com mais detalhes em alguns exemplos, as técnicas tenderam progressiva e desigualmente a desenvolver aplicações da ciência, as ciências também lucraram com problemas inspirados por técnicos. Por exemplo, foi, já no final do século XV, o problema balístico levantado pelos artilheiros italianos que sugeriu a

Francisco di Giorgio Martini, de Siena, algumas experiências de mecânica, enquanto Tartaglia, por volta de 1531, a pedido dos canhoneiros de Verona, tentou construir uma teoria puramente geométrica da trajetória de um projétil. Mas podemos afirmar que as teorias científicas só tiveram realmente relações estreitas e orgânicas com a técnica a partir da grande Revolução Industrial europeia do século XVIII.

3. Na Antiguidade, em parte, sem dúvida, por causa do descrédito que atinge, nas sociedades civilizadas, os trabalhos manuais, considerados servis, e em razão do estatuto inferior que, consequentemente, tinham os artesãos, as invenções técnicas quase que não têm nenhuma relação com os conhecimentos científicos. O que, por certo, não impede que no Oriente, na Grécia ou em Roma algumas técnicas muito elaboradas tenham sido praticadas nos trabalhos públicos, no trabalho dos metais, na poliorcética, ou arte de tomar cidades por meio de engenhos de sítio. E até – de acordo com uma tradição, é verdade, muito posterior ao próprio Arquimedes – o cientista alexandrino do século III antes de nossa era, um dos maiores geômetras de todos os tempos, teria aplicado a sua ciência a diversas invenções mecânicas: máquinas de guerra, espelhos ardentes parabólicos que concentravam raios solares em seu foco, utilização do deslocamento de um líquido por um corpo imerso para medir seu volume e, portanto, sua densidade. Mas nada disso deixou vestígios nos textos do Siracusano que chegaram até nós. Por outro lado, matemáticos alexandrinos como Ctesibius (século III a. C.) e Herão (século I d. C.) exerceram sua engenhosidade na construção de autômatos e de pequenos mecanismos, mais destinados, porém, a provocar espanto do que a aplicar de maneira útil conhecimentos cientificamente fundamentados.

Todavia, é lícito notar que, embora tenha havido algumas tentativas de aplicações técnicas da ciência na Antiguidade e na Idade Média, o que estava em causa eram sempre os matemáticos. Mesmo que fosse, inicialmente, apenas com vistas a construir instrumentos de medida e de mira, e, em geral, instrumentos chamados, justamente, "matemáticos", como o dioptro de Herão, antepassado do teodolito, que permitia medir distâncias angulares e, graças ao raciocínio geométrico, avaliar distâncias. Antes mesmo da tomada de consciência, no século XVII, dos poderes virtuais do conhecimento científico, vemos num Leonardo da Vinci a ideia de que as matemáticas podem servir de "instrumentos para as artes mecânicas", ainda que se trate, neste grande artista, mais de uma aspiração do que de uma prática. Mais tarde, Gérard Desargues e La Hire aplicarão efetivamente sua ciência geométrica ao molde das engrenagens (La Hire, *Tratado das epicicloides e de seu emprego na mecânica*, 1694). Mas tal teoria só foi realmente completada por Euler, na segunda metade do século XVIII, e, sobretudo, continuou totalmente ignorada pelos técnicos até o século XIX.

O mesmo ocorreu com a construção e com a manobra dos navios, em que prevaleceram as práticas empíricas ou certas teorias ambiciosas, mas errôneas. Convém, no entanto, ressaltar a importância assumida entre os cientistas, já no final do século XVII, pela disputa entre o marinheiro Renau d'Eliçagaray (*Teoria da manobra dos navios*, 1689) e Huygens, Jean Bernoulli (*Ensaio de uma nova teoria da manobra dos navios*, 1714) e Euler (*Scientia navalis*, 1749). Quem estabelecerá cientificamente as condições de estabilidade e as regras de manobra será Bouger (*Tratado do navio*, 1746, e *Da manobra dos navios*, 1757), sem que dele, porém, tirem partido, antes do século XIX, os armadores ou os navegadores. A indústria química é revolucionada por descobertas como a do cloro (1774) e a do método Leblanc de fabricação da soda artificial (1780); mas o *Tratado de química industrial*, de Chaptal (1806) mostra ainda a distância que separa da ciência, na época, até mesmo as receitas industriais. Chaptal foi, porém, um dos químicos que mais contribuíram para as aplicações da ciência na indústria, como também na agricultura, e esse início do século XIX assinala, justamente, o momento em que os industriais, em suas áreas, vão amplamente e de maneira consciente beneficiar-se dos progressos da ciência. Esse movimento, mas só enquanto intenção, já assumira, aliás, toda sua amplitude com a publicação da grande *Enciclopédia* de Diderot (1751-1772), e começara a passar aos fatos com a política voluntarista da Revolução Francesa. No "Discurso preliminar" à *Enciclopédia* (cujo título completo é: *Enciclopédia ou dicionário raciocinado das ciências, das artes e dos ofícios*), d'Alembert tece um grande elogio das "artes mecânicas". "Talvez seja", diz ele, "nos artesãos que se devam procurar as provas mais admiráveis da sagacidade do espírito, de sua paciência e de seus recursos" (p. xiii). Ele sublinha as investigações que foram realizadas pelos "mais hábeis artesãos de Paris e do Reino", e louva Diderot por se ter encarregado da "parte mais extensa e mais importante" dessa obra, a saber, da "descrição das artes" (p. xliii).

4. Examinaremos um pouco mais em detalhe três casos exemplares dessa história da penetração da técnica por parte da ciência: o da relojoaria, o da máquina a vapor e o da radioeletricidade.

Até a metade do século XVII, o movimento dos relógios, movidos por pesos, era regido na Europa por um mecanismo de escapo, maravilhosa invenção do século XIV,[1] que, fruto unicamente da engenhosidade e do bom senso, não deve aparentemente nada a conhecimentos científicos. Esse mecanismo realiza o bloqueio e a soltura periódica de uma roda dentada, e comporta peças que exigem cuidado e habilidade dos artesãos. Ele constantemente despertou a imaginação engenhosa dos relojoeiros, que não se cansaram de aperfeiçoá-lo. Porém, foram duas descobertas científicas que mudaram incontestavelmente a relojoaria no século XVII. A primeira é a teoria do isocronismo das pequenas oscilações do pêndulo, estabelecida por Galileu já no início do século e aperfeiçoada por Huygens, que publicou em 1673 seu

---

1. Os chineses sabiam construir já no século X ou XI relógios regrados por uma espécie de escapo hidráulico.

Horologium oscillatorium (O relógio de pêndulo). O grande matemático mandou o relojoeiro Salomon Coster, de Haia, construir conforme as suas indicações o primeiro relógio de pêndulo, em 1657. O que comanda o escapo e serve, portanto, de regulador é, então, a oscilação do pêndulo. Huygens mostra que as oscilações do pêndulo, porém, só são rigorosamente isócronas se ele descrever não um arco de círculo, e sim um arco de cicloide.* Mas esse aperfeiçoamento, teoricamente capital, foi considerado pouco importante pelos relojoeiros, que se contentaram em tornar tão pequena quanto possível a amplitude das oscilações de seu pêndulo circular.

A segunda invenção, também de Huygens, é a da mola espiral que funciona ao mesmo tempo como motor e como regulador. A teoria científica em questão é, também neste caso, a dos movimentos oscilatórios de um móbil submetido a uma força de retorno proporcional a seu desvio do equilíbrio. Já em 1675, Huygens manda um mestre relojoeiro construir o primeiro relógio a espiral. A precisão desses novos instrumentos exigia, então, que eles marcassem os minutos; foi um relojoeiro londrino, Daniel Quare, que, por volta de 1690, teve a ideia do mostrador com dois ponteiros. É escusado mencionar as imensas consequências que o emprego desses novos instrumentos de medida do tempo puderam ter em todas as áreas da ciência.

Pela primeira vez, sem dúvida, podemos verificar aqui, de maneira completa e segura, uma penetração da técnica por parte da ciência, com certeza completamente conforme à ideia contemporânea, formulada tão vigorosamente por Descartes, de um conhecimento que nos tornaria "senhores e proprietários da natureza". De resto, vozes oficiais recomendavam, na época, a aplicação da ciência às artes mecânicas, e Colbert, em 1675, ordenou à Academia por ele criada em 1666 "que examinasse os meios de fazer um tratado de mecânica com uma descrição exata de todas as artes e ofícios de que se servem atualmente na França e em toda a Europa". Há de se observar, porém, que se tratava, então, mais de um recenseamento das práticas empíricas do que de um desenvolvimento racional; mas o segundo, aos olhos dos acadêmicos, não será separável do primeiro.

5. Nosso segundo exemplo, sensivelmente mais complexo, será fornecido por um resumo da história da máquina a vapor. Sabe-se que o matemático Herão de Alexandria, no primeiro século de nossa era,[2] teria fabricado uma espécie de turbina a reação movida por jatos de vapor opostos saídos de uma bola que girava ao redor de um de seus diâmetros, contendo água vaporizada pelo calor de um forno exterior. Mas o pouco que sabemos desse "eolipilo" não nos permite ver nele a aplicação de conhecimentos mecânicos e físicos, aliás ainda inexistentes. É com a "máquina a pólvora" de Huygens (1673) que realmente começa a nossa história, depois de diversas tentativas abortadas. O objetivo proposto é fazer subir um peso; o meio utilizado é a depressão obtida num cilindro depois de nele ter-se acendido a pólvora e ter-se deixado parcialmente escapar e resfriar o gás de combustão; um pistão desce, então, sob o efeito da pressão atmosférica, e puxa o peso por uma corda e uma roldana. Huygens menciona realmente uma utilização possível do vapor de água no lugar da pólvora para o mesmo efeito, mas sem recorrer a ela. Foi seu antigo assistente, Denys Papin, que retomou a ideia. Empregado em Cassel pelo landgrave de Hesse, e apoiado por Leibniz, ele propôs uma máquina "atmosférica" em que o pistão é primeiro erguido pela pressão do vapor produzido pela água aquecida no cilindro, depois empurrado para baixo pela pressão atmosférica, quando se retira o fogo e se deixa condensar o vapor (1690). O inglês Thomas Savery utilizou o mesmo princípio do vácuo para "erguer a água com o fogo" no próprio cilindro, visando a drenar minas (patente de 1698). Papin, informado por Leibniz, aperfeiçoou de maneira notável a máquina

---

2. As datas de Herão são controvertidas. Sabemos apenas que ele viveu depois de Apollonius e antes de Pappus, ou seja, entre 150 a. C. e 250 d. C.

de Savery (1707). Ele teve a ideia de usar uma dessas máquinas para mover os remos de um barco, tudo isso sem sucesso, mal recebido pelos ingleses e abandonado pelo landgrave.

Os verdadeiros progressos puramente técnicos da máquina devem-se ao gênio inventivo de Newcomen, negociante de quinquilharias em Dartmouth, que teve a ideia de fazer mover pela descida do pistão o balancim de uma bomba, e de ligar a esse balancim o jogo das torneiras de vapor. Os outros aperfeiçoamentos da máquina, que é doravante produtora de movimento alternativo, logo transformado em rotação (Watt), são essencialmente de natureza empírica. Até que o escocês James Watt, retomando uma ideia de Joseph Black, professor da Universidade de Glasgow, relativa ao "calor latente" da água vaporizada, veja que o resfriamento do cilindro para fazer condensar o vapor acarreta uma perda excessiva desse calor latente e, portanto, de combustível. Ele imagina evacuar o vapor num "condensador" separado e vazio. Além disso, ele introduz o vapor também acima do pistom, de maneira que este não desça apenas sob o efeito da pressão atmosférica (o "duplo efeito"). Também é ele que introduz o regulador de bules, mais aperfeiçoado do que as torneiras de Newcomen, e o paralelograma, que permite transformar o movimento alternado em movimento circular. No entanto, mesmo com Watt, os conhecimentos científicos sobre o comportamento mecânico de um fluido aquecido só têm uma parte muito pequena no aperfeiçoamento da máquina. O aferimento da potência, enfim, só é obtido por regras e tábuas empíricas. Só a partir da Memória iniciadora de Nicolas Léonard Sadi Carnot (filho mais velho de Lazare Carnot, o Organizador da Vitória), *Reflexões sobre a potência motriz do fogo e sobre as máquinas capazes de desenvolver essa potência* (1824), as conquistas da nova ciência termodinâmica nascente poderão ser efetivamente aplicadas. Não imediatamente, é claro, pois a Memória de Carnot foi completamente ignorada. Mas o engenheiro Clapeyron a torna conhecida com uma resenha publicada no *Jornal da Escola Politécnica* dez anos mais tarde, e desenvolverá as suas ideias. É então que podemos verificar, com esse exemplo, a ação recíproca da ciência e da técnica, pois é lícito pensar, como o sugere o título completo da Memória, que foi a tecnologia da máquina a vapor que inspirou, em parte, a Sadi Carnot a ideia de uma teoria da potência motriz do calor.

6. A radioeletricidade nos proporá, enfim, um caso muito recente de um fenômeno comparável, mas no qual, desta vez, o conhecimento científico desempenha um papel muito mais determinante. O ponto de partida dos trabalhos de Hertz, que descobriu em 1887 as ondas que levam o seu nome, é, de fato, puramente teórico. Existiam, na época, duas concepções dos fenômenos elétricos. A de Maxwell, segundo a qual não há ações a distância e as forças elétricas se propagam por modificações do estado de um meio específico, o éter. Uma consequência das equações que ele então estabeleceu, com base nos fenômenos descritos por Coulomb, Faraday e Ampère, é que deve ser igual à velocidade da luz a relação experimental entre as unidades eletroestáticas derivadas do fenômeno de atração newtoniana das cargas, descoberta por Coulomb, e as unidades eletrodinâmicas definidas de acordo com fenômenos de atração das correntes em condutores (Faraday e Ampère). Por outro lado, resulta dessa concepção que as forças eletrodinâmicas ou de "polarização" podem propagar-se no vácuo, e que forças elétricas e forças magnéticas têm a mesma natureza.

A outra concepção, de autoria de Helmholtz, o professor de Hertz, baseia-se na ideia de ações a distância que ocorrem entre partículas eletrificadas. O físico prussiano chega, aliás, a equações que pensa implicarem, como caso particular, as de Maxwell. Mas resulta de sua concepção do fenômeno que variações de forças elétricas ou de forças magnéticas, que para ele são distintas, não poderiam propagar-se no vácuo. A tarefa proposta inicialmente a Hertz é, então, verificar experimentalmente a teoria de Helmholtz. Mas ele é levado paulatinamente a reconhecer que é a teoria de Maxwell que explica melhor os fatos que vai descobrindo.

Assim, estabelece a existência da propagação no ar (ou no vácuo) de uma ondulação do fenômeno elétrico obtida pelo estouro periódico da fagulha de descarga de uma bobina de indução. Sem dúvida, as equações de Maxwell permitem prever, como solução teórica, certas oscilações do campo eletromagnético que se propagam, por conseguinte, no vácuo ou num dielétrico como o ar. Mas Maxwell não parece ter-se dado conta da possibilidade efetiva do fenômeno, nem de suas condições de realização.

Portanto, são as ondas "hertzianas" que são postas em evidência experimentalmente, em consequência de considerações puramente teóricas, e contrariamente às expectativas de Hertz. Será que o físico compreendeu a importância das aplicações técnicas de sua descoberta? Quando lhe perguntaram isso, em 1892, ele respondeu categoricamente que não... O que realmente lhe interessava era o fato da propagação no vácuo e a igualdade entre a sua velocidade e a da luz, mas não seu alcance efetivo fora do laboratório. Aliás, a demonstração prática de uma aplicação possível coube a um inventor no sentido estrito da palavra, o italiano Marconi, que em 1897, reunindo numa mesma aparelhagem o oscilador a fagulhas de Hertz, o tubo detector a limalha de Branly e Lodge, o manipulador telegráfico de Morse, a antena de Popoff (ou de Tesla, ou de Branly?), conseguiu transmitir uma mensagem telegráfica sem fio por uma dezena de milhas de distância e, em 1901, finalmente, da Cornuália a Terra Nova. Nascera o rádio, filho não desejado de uma pesquisa puramente teórica e das tentativas de um *bricoleur* genial.[3]

7. Vemos nesses três exemplos que as relações entre a técnica e a ciência raramente se apresentam como projetos deliberados de aplicação de um conhecimento. É bem verdade que à medida que nos vamos aproximando de nosso

---

3. Sobre esta bela história, deve-se ler o estudo de Jean Cazenobe, "De Maxwell à Marconi", 1985.

tempo o acoplamento da invenção técnica à ciência vai ficando cada vez mais apertado, e hoje mal podemos conceber um progresso técnico notável que não se baseie nos dados da ciência. No entanto, a história das técnicas não deixa de ser, em ampla medida, autônoma. De fato, ela depende da realização progressiva de *projetos próprios*, cuja execução é simplesmente tornada possível, num determinado momento, pelos avanços da ciência. Essa história é, portanto, neste sentido, uma história finalizada: uma necessidade social, ou um sonho individual, se manifesta (lembremo-nos do mito do voo humano, da conservação das "palavras geladas" em Rabelais, da transmissão das imagens...). As diversas condições, pelo menos parciais, de sua realização aparecem então, geralmente numa ordem dispersa, em razão do progresso da ciência. O inventor – *os* inventores – reconhece essas condições, delas se apodera, adaptando-as e reunindo-as, e todo um capítulo de evolução técnica se constitui, orientado e unificado por esse desígnio. Aliás, e cada vez mais claramente, os progressos técnicos dependem de contextos globais que os condicionem: a radioeletricidade, por exemplo, ou a televisão se desenvolveram não unicamente pelo aperfeiçoamento de um objeto técnico isolado, aparelho de rádio ou de televisão, e sim pelo estabelecimento, em grande escala, de redes complexas de emissores e pela organização de grandes conjuntos de produção de sons e de imagens. Donde se vê que o progresso técnico não depende apenas do progresso dos conhecimentos, mas também de circunstâncias econômicas e sociais de outra ordem.

Enfim, corpos específicos de conhecimentos técnicos se constituíram atualmente, de modo paralelo aos corpos de conhecimentos científicos e de maneira parcialmente independente, sobretudo a partir do momento em que se formou uma classe de *engenheiros*. Pôde-se falar, por metáfora, dos grandes "engenheiros" do Renascimento, a serviço dos príncipes italianos, que concebiam e dirigiam a execução de grandes trabalhos de interesse público, construindo fortificações e aperfeiçoando máquinas de guerra. Mas foi na

Inglaterra, na segunda metade do século XVIII, que apareceu realmente como uma classe nova o grupo dos engenheiros, estabilizado e fortalecido na França pela criação de um ensinamento nas Grandes Escolas. É somente nessa época que se desenvolve por si mesmo e se perpetua um saber técnico, fundamentado, evidentemente, nos conhecimentos propriamente científicos assimilados por uma época, mas diretamente implicado nas condições concretas de aplicação da ciência. A tal ponto que alguns membros do corpo de engenheiros se afastam de sua função primitiva para se tornarem chefes de empresa ou administradores.

III. Ciência, técnica e produção de massa

1. Quando os saberes técnicos ainda não estão impregnados de conhecimento científico, o trabalho artesanal que os desenvolve leva à produção de obras muito individuadas. Isso porque esses saberes comportam não só esquemas comuns de produção, técnicas básicas indispensáveis à realização de um determinado efeito, à criação de um determinado *tipo* de objeto, mas também receitas e manhas cuja posse não é estritamente necessária, mas dão ao artesão a possibilidade de singularizar seu produto, nele exprimindo, por assim dizer, alguma coisa de si mesmo. É esta utilização dos aspectos e dos elementos à primeira vista supérfluos, com vista a tornar significativo o produto de um trabalho, que chamo de *efeito de estilo*.[4] Ora, o progresso das técnicas, na maioria das vezes, leva, pelo contrário, a uma normalização cada vez mais rigorosa das ações e dos produtos, condição indispensável da baixa dos custos e da produção de massa. O ator técnico já não é, então, o artesão, e sim, por um lado, o engenheiro e, por outro, o executante, operário ou "técnico".

---

4. Para uma análise mais minuciosa deste conceito geral de "estilo", vide G. Granger, *Essai d'une philosophie du style*, 1988.

equipamento. O executante técnico deve, assim, ser capaz de interpretar essas mensagens e responder a elas, tomando decisões.

Decorre desta nova tecnicidade uma tensão, presente na sociedade atual, entre uma exigência de *especialização* técnica, resultante do cada vez maior refinamento das máquinas, e uma exigência aparentemente oposta de polivalência, de competência generalizada, ou antes de *capacidade de adaptação* dos executantes técnicos, consequência da rapidez evolutiva das técnicas existentes e da criação de técnicas novas. Assinalaremos aqui, apenas para registro, o problema assim proposto aos políticos pela formação dos jovens. Limitar-nos-emos a observar que a relação do técnico com as máquinas, cada vez mais aperfeiçoadas, embora seja consequência de uma ciência, *oculta*, no entanto, o conhecimento científico, dispensando, de certa maneira, que se recorra a ele. Por certo, isso não ocorre no nível mais alto da hierarquia técnica, onde, pelo contrário, tendem a se unir o cientista e o engenheiro. Mas nos níveis de execução, mesmo muito altos na hierarquia técnica, o espírito científico corre o risco de se apagar ante um espírito estritamente técnico, que daria preferência ao *sucesso* em detrimento da *explicação*. Assim, para contrabalançar esse efeito negativo, convém, sem dúvida, responder ao problema de formação que acabamos de mencionar, aceitando dar um lugar importante no ensino a uma cultura científica geral, aparentemente desinteressada e não diretamente eficiente, e até, sem dúvida, a uma cultura humanista, à cultura em sentido estrito.

3
Diversidade dos Métodos e Unidade de Visão

Acabamos de pôr em evidência as estreitas relações de apoio mútuo e de complementaridade que existem atualmente entre a ciência e as técnicas, ao mesmo tempo que ressaltamos que as duas formas de conhecimento pertencem a duas diferentes orientações do pensamento. Tentaremos, agora, caracterizar o espírito e as disciplinas científicas. O primeiro fato que impressiona o observador menos informado é a grande diversidade de ramos do saber reconhecidos hoje em dia como ciências e, por outro lado, a facilidade com que em toda parte se vê a palavra ciência sendo usada no singular. Haverá, então, uma *unidade* real da ciência? Este tema foi desenvolvido algum tempo atrás pelos neopositivistas da década de 1920 e 1930, a tal ponto que uma das realizações do Círculo de Viena – com Carnap, Schlick e von Neumann –, associado ao grupo de Berlim (Reichenbach), tem o nome de *Enciclopédia Internacional da Unidade da Ciência*. Essa unidade era na época compreendida, pelo menos por alguns membros do Círculo, como o jovem Carnap, num sentido muito forte. Com efeito, ela diz respeito, ao mesmo tempo, a uma uniforme estruturação lógico-matemática do conhecimento científico e à possibilidade de exprimir numa linguagem única seus conteúdos empíricos, em qualquer área. Nós entenderemos a unidade da ciência num sentido mais fraco, que fará justiça de maneira mais clara à pluralidade de métodos e de objetos, associada à unidade de uma comum *visão* de conhecimento.

I. Pluralidade dos métodos e *anarquismo* metodológico

1. Começaremos apresentando e discutindo uma tese provocadora muito recente, de Paul Feyerabend, que tende, em sua forma mais excessiva – ao ressaltar a multiplicidade dos métodos, as lacunas das explicações científicas e a precariedade das teorias – a colocar a ciência no mesmo plano que os mitos, as religiões e as ideologias, enquanto meios de conhecer a realidade. Antes de esboçar sua argumentação, convém, sem dúvida, notar que o próprio Feyerabend sugere que não se tome muito ao pé da letra essa atitude radicalmente cética e negativa: "O leitor há de se lembrar de mim", escreve ele (*Contra o método*, p. 18), "como de um dadaísta[1] travesso, e não como um anarquista sério". Ele também aproxima sua atitude da dos Sofistas, como Protágoras, admitindo que pôde, com todo direito, defender sucessivamente pontos de vista contrários. Seria justo, portanto, tomar as suas posições mais exageradas *cum grano salis*, tanto mais, aliás, que ele fez contribuições sérias e eruditas à história e à epistemologia da física contemporânea.

2. Uma das teses chaves desse filósofo é seu "princípio de proliferação", segundo o qual se deve encorajar "a invenção e a elaboração de teorias que sejam incompatíveis com os pontos de vista admitidos, ainda que estes se vejam solidamente confirmados e sejam universalmente aceitos" (*Philosophical papers*, I, p. 105). Isso significa que a crítica

---

1. O movimento dadaísta, nascido em Zurique e em Nova York durante a Primeira Guerra Mundial, era um empreendimento de derrisão e de não conformismo estético. Feyerabend o contrapõe, aqui, ao anarquismo considerado como doutrina de *ação*, também negativa, mas eventualmente violenta.

deve ser refreada, mesmo a respeito das especulações mais extravagantes: "A única regra que sobrevive é 'Tudo é bom'" (*Contra o método*, p. 333). As orientações prévias são feitas para serem desrespeitadas, as exigências para serem dribladas, os programas para não serem seguidos. Teorias que se contradizem podem – e devem – ser simultaneamente reconhecidas. Feyerabend dá exemplos tomados da história das ciências, mas que não são totalmente convincentes, uma vez que essas incoerências e essas disparidades sempre foram vividas – pelo menos desde a tomada de consciência do sentido moderno da ciência, digamos desde Galileu, Descartes e Newton no caso das ciências da natureza – como se fossem situações deploráveis, provisórias e que justamente exigem os progressos que as resolvam ou mudem seus termos. O aspecto positivo deste anarquismo consiste, sem dúvida, numa crítica violenta ao conservadorismo e ao dogmatismo, sublinhando a mobilidade do conhecimento científico e sua abertura às novidades. Seu aspecto negativo vem da insistência em considerar a diversidade, ou até a incoerência, como um valor em si, e a indiferença em procurar critérios de decisão e de escolha entre as teorias, exagero este que, a meu ver, desqualifica a doutrina.

3. A segunda característica que reteremos aqui da filosofia de Feyerabend é sua identificação provocadora da ciência a uma espécie de crença mítica. "A ciência está mais perto do mito do que poderíamos esperar depois de uma discussão filosófica" (*Contra o método*, p. 334). Ele a aproxima, por exemplo, das mitologias africanas tradicionais, porque estas, como a ciência, "procuram uma unidade oculta sob uma aparente complexidade" num contexto causal "mais amplo do que o contexto causal oferecido pelo senso comum" (ibid.). Nestas condições, Feyerabend propõe uma "separação entre o Estado e a ciência". "Não permitiremos", diz ele, "que os cientistas, esses 'escravos voluntários', imponham sua ideologia a nossos filhos". Hão de nos deixar livres para substituirmos, se quisermos, uma educação científica "pela magia, pela astrologia ou pelo estudo das lendas".

E serão os votos dos cidadãos assim livremente educados que decidirão, entre outras coisas, sobre "o acerto das crenças de base, como a teoria da evolução ou a teoria dos quanta" (ibid., *in fine*).

Essas proposições, como sempre acontece com as doutrinas rigorosamente céticas, não podem, a bem dizer, ser refutadas por um discurso lógico, pois imediatamente invocam contra o refutador a impossibilidade de *fundamentar* uma doutrina contrária sem cair no dogmatismo recusado por elas. Nem por isso elas deixam de ser claramente cegas às realidades. Certamente, há diferenças irredutíveis entre os modos de "explicação" do mundo oferecidos pelos mitos e os que a ciência trabalhosamente constitui. Também existem – quem não as vê? – diferenças entre os *efeitos* de uns e de outros. O que é possível defender é que temos, em princípio, o direito de escolher um gênero de vida dependente de crenças míticas, e governado por elas, mas não que estas crenças e as induzidas pela ciência tenham a mesma natureza. Na realidade, essa liberdade de princípio dificilmente poderia ser posta em prática, não só em razão do ambiente, que exerce sua pressão sobre nós, mas também, sem dúvida, em razão da educação mais ou menos racional, em certos pontos muito estável, de que estamos impregnados. Em todo caso, a identificação do conhecimento científico com um mito ou com uma ideologia parece uma provocação que não poderia bastar para justificar a ideia simplista, demasiado dogmática e técnica que nós mesmos denunciamos como consequência de sua vulgarização no mundo atual.

4. "A multiplicidade e sobretudo a heterogeneidade dos modos de conhecimento dos fenômenos caracterizam, de fato, não o período atual da ciência, e sim períodos que chamaremos de "*protocientíficos*". Já mencionamos diversas vezes uma tomada de consciência, no século XVII, de uma forma de conhecimento considerada ainda hoje como científica. Na verdade, existem duas áreas em que se haviam desenvolvido, muito antes, conhecimentos que ainda hoje designamos como ciências: o das matemáticas e o da astro-

nomia. Mas a exploração dos fenômenos da natureza que não os movimentos regulares dos astros, embora muito ativa, efetuava-se na Antiguidade e na Idade Média de maneira, por assim dizer, anárquica e dispersa. Faltava um quadro unificador, não só unificador dos meios e dos métodos, mas sobretudo, e mais profundamente, da própria ideia do "objeto a ser descrito", do tipo de explicação esperada dos fenômenos observados.

II. Três traços característicos da visão científica

1. De fato, é como maneira de visar seus objetos que o pensamento científico se diferencia essencialmente de qualquer outra espécie de conhecimento (por exemplo, do conhecimento perceptivo, mas sobretudo de conhecimentos que envolvem elementos próprios do sujeito que conhece, como o conhecimento que temos, ou cremos ter, de outrem e de seus estados de espírito). A posição característica assumida ante seus objetos não acarreta de modo algum, aliás, para o pensamento científico, a unicidade de um *método*, se dermos a esta palavra o sentido estrito de um conjunto de procedimentos ordenados, amplamente independentes da natureza dos objetos a conhecer. Existem *alguns* métodos científicos, mas *um* espírito e um só tipo de visão propriamente científica. Assinalarei três traços deste tipo de visão, bastante gerais para revelarem a unidade da ciência, bastante específicos para a diferenciarem nitidamente das atitudes não científicas.

2. Primeiramente, a ciência é *visão de uma realidade*. Por certo, a noção de realidade é um conceito filosófico que seria vão, e errôneo, querer definir antecipadamente, por exemplo, em termos científicos. Ela é o que chamo um "metaconceito", que se aplica não diretamente a experiências, e sim a representações da experiência. Contudo, a expressão:

"a ciência visa a uma realidade" tem, sim, um sentido. Ela contrapõe à visão que a ciência quer manter toda atitude que não comporte a busca constante e laboriosa de uma demarcação dos produtos do devaneio e da imaginação. Não que a imaginação inventiva não desempenhe um papel essencial na invenção dos conceitos científicos. Muito pelo contrário; a criação científica é, nesse sentido, uma espécie de poesia. Mas o poder imaginativo exerce-se, então, na produção de *conceitos*, que devem sempre estar orientados para a descrição ou para a organização de dados que resistam às nossas fantasias. Certamente, a ciência é uma representação abstrata, mas se apresenta, com razão, como representação do real.

3. O segundo traço que gostaríamos de sublinhar remete-nos às observações feitas no Capítulo segundo acerca da técnica. A ciência visa a objetos para *descrever e explicar*, não diretamente para agir. Já citamos a famosa frase de Descartes no *Discurso do método*: "tornar-nos como que senhores e proprietários da natureza" (6ª parte, p. 168). É certo que naquele tempo (1673), em que um conhecimento científico da natureza começava a se separar de especulações incapazes de qualquer aplicação e até, muitas vezes, de qualquer controle, a ideia de uma "utilidade" da ciência aparece como a revelação de um caráter novo e essencial. Mas não poderíamos calar-nos sobre a prioridade que é concedida pelo próprio Descartes ao conhecimento desinteressado. É do "desígnio de continuar a me instruir" que ele nos fala inicialmente (ibid., 3ª parte, p. 144). E o que pensou fazer, ao publicar seu *Método*, com os seguidores dos antigos filósofos foi como "abrir janelas e fazer entrar luz nesse porão aonde desceram para brigar" (ibid., 6ª parte, p. 174). As maravilhas que Descartes espera realmente da aplicação das ciências à felicidade dos homens, pela "invenção de uma infinidade de artifícios... principalmente para a conservação da saúde..." (ibid., p. 168), são uma consequência da busca da verdade e da satisfação própria que ela proporciona. Assim, não identificaremos, em seu nome, as invenções técnicas, cuja proliferação ele previu, e o desenvolvimento

das ciências, ao mesmo tempo que reconheceremos, como fizemos no capítulo anterior, a significação da ciência como conhecimento aplicado. Enquanto tal, a ciência não deixa de ser desinteressada e até, de certa maneira, lúdica: a busca do saber pelo cientista é um trabalho intenso, mas também um jogo. De qualquer forma, o primeiro resultado da visão é a satisfação de compreender, e de modo algum agir.

4. O último traço de uma visão científica de conhecimento que gostaríamos de assinalar é a preocupação constante com *critérios de validação*. Um saber acerca da experiência só é científico se contiver indicações sobre a maneira como foi obtido, suficientes para que as suas condições possam ser reproduzidas. Se se tratar da avaliação de uma grandeza empírica, serão fornecidos limites de aproximação que permitam julgar o significado de uma verificação aproximada. Se se tratar de um enunciado matemático, devem sempre estar associadas ao teorema proposto às hipóteses, às definições e ao conjunto de regras admitidas de demonstração. Assim, o conhecimento científico é necessariamente público, ou seja, exposto ao controle – competente – de quem quer que seja.

É verdade que, então, seja preciso levar em conta um duplo fato epistemológico essencial: a saber, que raramente um enunciado científico tomado isoladamente tem um sentido completo e que, por outro lado, a verificação de uma teoria considerada como um todo levanta dificuldades de princípio. No que diz respeito ao primeiro ponto, observaremos que uma proposição científica é uma combinação de conceitos cujo sentido pode ser determinado por operações materiais determinadas, que podem elas mesmas depender secundariamente de uma teoria geralmente mais elementar (por exemplo, o valor de um peso depende de uma teoria da alavanca, se for estimado em uma balança). Mas o sentido desses conceitos é, na maioria das vezes, determinado igualmente por suas relações mútuas num sistema de objetos e de operações teóricas (por exemplo, a noção de entropia* na termodinâmica). O controle de um fato científico, portanto, não se reduz quase nunca à mera observação de um acontecimento elementar, embora ele sempre comporte necessariamente uma tal fase, como o balizamento de uma agulha num mostrador. A verificação de um fato científico depende, pois, de uma *interpretação*, mas de uma interpretação ordenada, no interior de uma teoria explícita.

Assim, somos levados de volta à questão da verificação da teoria. Precisemos logo de saída o sentido que convém dar a esta palavra. Chamo "teoria" um conjunto de enunciados, atualmente formulados ou potencialmente formuláveis. Este conjunto deve ser *fechado* para certos procedimentos de dedução que lhe são próprios, ou seja, toda sentença deduzida de sentenças pertencentes à teoria deve ser também uma sentença da teoria. Deve-se considerar que a predição de fatos é uma condição *necessária e suficiente* de validação de uma teoria? O exame das vicissitudes da história das ciências mostra que uma tal posição é brutal demais. Sem dúvida, uma teoria que nada predissesse, ou predissesse aparentemente ao acaso, só poderia ser suspeita. Mas se quisermos sustentar que o poder de predição é uma condição *necessária* de validade, é importante considerar que uma teoria científica em geral não trata diretamente de fatos *atuais*, e sim do que chamarei de fatos *virtuais*, ou seja, de fatos esquemáticos, *completamente determinados na rede de conceitos* da própria teoria, mas *incompletamente determinados enquanto realizáveis aqui e agora* numa experiência. Para tomar um exemplo muito simples, o tempo e a velocidade de queda de um corpo pesado num campo de gravidade de intensidade conhecida são perfeitamente determinados numa teoria mecânica elementar, como *fatos virtuais*. Essa teoria, porém, não determina completamente o *fato atual* da queda, e de modo algum pretende determiná-lo. Escapam-lhe circunstâncias, de que eventualmente dará conta uma teoria mais completa (por exemplo, a resistência do ar, a variação da intensidade do peso em função do quadrado da distância do centro da Terra etc.); mas também, e mais radicalmente, o fato virtual da teoria foi voluntariamente despojado de condições *históricas* singulares que codeterminam, com uma influência maior ou menor, os fatos atuais observados. O poder preditivo de uma teoria é, portanto, realmente um critério de validade, mas apenas dentro dos limites atribuídos a essa predição pelo caráter parcialmente indeterminado do fato virtual, grau de indeterminação este que varia muito conforme as teorias.

Mas, reciprocamente, deve-se considerar que a predição de fatos atuais seja uma condição *suficiente* de validação de uma teoria? A questão foi debatida sobretudo a propósito da noção de "experiência crucial", introduzida já por Roger Bacon, o "doutor admirável", no século XIII, e criticada por Pierre Duhem (*A teoria física*, 1906). Existem realmente experiências cujo resultado autorize rejeitar uma teoria e admitir a sua rival? As doutrinas "holistas" (do grego *holos*: todo) recusam-se a admiti-lo, pois objetam que sempre é possível modificar *parcialmente* a teoria em dificuldade, de maneira que ela admita e se possível prediga o resultado em questão. Alguns (Quine) chegam até a reconhecer a legitimidade de uma eventual modificação dos fundamentos matemáticos e lógicos de uma teoria, recusando-se, assim, a conceder um estatuto privilegiado a esses quadros considerados normalmente *a priori* e, por conseguinte, imunes aos acasos da experiência.

5. Essas três características, que acabamos de observar, de toda visão científica do mundo não constituem, porém, como se vê, um *método* propriamente dito. Sabemos, no entanto, que Descartes, querendo determinar as regras de todo conhecimento científico, intitula sua obra: *Do método*. Gostaríamos, agora, de explicar o uso que ele fez dessa palavra. Lembremo-nos, inicialmente, destes quatro célebres preceitos, traduzidos diretamente do admirável original de seu autor:

- "O primeiro era nunca admitir alguma coisa como verdadeira sem que a conhecesse evidentemente como tal."
- "O segundo, dividir cada uma das dificuldades que examinasse em tantas parcelas quantas pudesse e fosse preciso para melhor resolvê-las."

- "O terceiro, conduzir por ordem meus pensamentos, começando pelos objetos mais simples e mais fáceis de conhecer, para elevar-me pouco a pouco, como que por degraus, até o conhecimento dos mais compostos, supondo até certa ordem entre aqueles que não se precedem naturalmente uns aos outros."
- "E o último, fazer sempre enumerações tão completas e revisões tão gerais, que ficasse certo de nada omitir."

Trata-se, aqui, realmente de regras, e, por conseguinte, parece que podemos legitimamente falar de método. Porém, embora esse método tenha provavelmente inspirado a Descartes sua invenção matemática da solução das equações algébricas, ele é apresentado como um método muito geral, não só para "procurar a verdade nas ciências", mas também para "bem conduzir a razão". Hoje, esperaríamos que um método fornecesse instruções mais pormenorizadas, e já é isso o que Leibniz pede quando, numa carta a Jean Gallois (outubro de 1682), censura Descartes por estabelecer como princípio que "tudo o que se concebe clara e distintamente é verdadeiro", mas sem "dar marcas para reconhecê-lo". A chave desta divergência sobre a concepção do método nos é, aliás, dada por uma observação do próprio Leibniz, numa carta a Conring (19 de março de 1678), que nota "a ausência de descobertas feitas, até agora, através dos princípios cartesianos, nas ciências da natureza ou nas artes mecânicas". É que se deve distinguir o que os epistemólogos anglo-saxões contemporâneos chamaram de "contexto de descoberta" e "contexto de justificação", e que um deles, N. R. Hanson, designa respectivamente, de maneira pitoresca, como as "técnicas que permitem ir pescar as hipóteses científicas" e as "receitas de cozinha com as quais as servimos à mesa".[2] As regras cartesianas pertencem, pelo menos no que diz respeito às ciências da empiria, ao contexto de justificação, que está mais relacionado com a validação dos

---

2. "Y a-t-il une logique de la découverte scientifique", in P. Jacob (Org.), *De Vienne à Cambridge*, Paris, 1980, p. 424.

enunciados científicos do que com sua descoberta. O objetivo de Leibniz era, pelo contrário, constituir uma "arte de inventar", que ele acreditou poder ser estritamente "lógica", de modo que seu método pertenceria ao mesmo tempo a um contexto de descoberta e a um contexto de justificação.

Podem existir verdadeiros métodos de invenção? Distinguirei preferencialmente estes métodos, por um lado, das condições "táticas" do pensamento científico que, regulando seus procedimentos passo a passo, garantem sua coerência; elas pertencem, propriamente, à lógica, e se relacionam principalmente com o contexto de justificação, mas de modo algum estão totalmente ausentes do contexto de descoberta. E distinguirei, por outro lado, os métodos de invenção das condições "estratégicas", que determinam o movimento global do pensamento científico, movimento este, sem dúvida, adaptado a cada domínio e talvez a cada problema enfrentado pelo pensamento. Elas estão eminentemente relacionadas com o contexto de descoberta, mas são também arquitetônicas, reguladoras, no contexto de justificação. Regras gerais não poderiam ser formuladas antecipadamente. É por isso que não acreditei poder caracterizar a unidade da ciência por um verdadeiro *método*, e sim, de preferência, indicar mais geralmente sua *visão*. De sorte que esta unidade do pensamento científico aparece mais como um *projeto* do que como um dogma. Projeto cujo vigor tentamos mostrar, mas que não poderia ocultar-nos a extraordinária diversidade das formas do conhecimento científico.

III. As linguagens da ciência

1. Há, porém, um ponto sobre o qual essa diversidade mais revela do que dissimula uma unidade profunda, que é o uso da linguagem feito pela ciência. Toda ciência se produz numa linguagem, ou seja, mais geralmente num sistema simbólico. Vimos no Capítulo segundo que Aristóteles sublinhava que a ciência deve ser exprimível e transmissível pelo ensino. O uso de um sistema simbólico não é apenas

um traço acessório e secundário do conhecimento científico. Só pode haver ciência, no sentido estrito do termo, expressa, ou seja, que represente seus objetos num sistema simbólico. Não vamos procurar definir aqui a noção de sistema simbólico em geral mais precisamente do que como conjunto de signos que remete ou a vivências concretas ou a outros signos. Um tal conjunto forma um sistema quando é, em certo sentido, *fechado*: a construção de novos signos, se for admitida, é submetida a regras. É o caso do sistema dos *algarismos* decimais, o sistema das letras de um alfabeto (que é estritamente fechado), o sistema de sinais de trânsito e, naturalmente, o sistema complexo dos signos de uma língua natural. Como as linguagens da ciência pertencem muitíssimas vezes à classe especial dos *sistemas simbólicos formais*, começaremos por apresentar sumariamente as suas características específicas.

Um *sistema simbólico* formal comporta regras explícitas que permitem distinguir o que, em cada signo material, é *pertinente*, ou seja, suficiente e necessário para significar. (Por exemplo, a forma e a grandeza das ocorrências de uma letra não são pertinentes em seu uso meramente alfabético.) Comporta um *conjunto finito* de signos elementares (por exemplo, no caso da numeração decimal, os dez algarismos de 0 a 9). Todos os outros signos são construídos a partir deles. Comporta, finalmente, *regras de concatenação* dos signos, cuja observância possibilita distinguir sem ambiguidade, pelo menos entre as expressões finitas, se elas são *bem formadas*. (No caso do simbolismo aritmético usual, a concatenação de signos: "3 = +" não é uma expressão bem formada, é carente de sentido neste sistema formal.)

2. Ao longo de seu desenvolvimento, as ciências tenderam, com um sucesso maior ou menor, a usar de sistemas simbólicos formais. Descreveremos brevemente dois exemplos dessa elaboração de uma linguagem, no caso da química e do cálculo infinitesimal.

A história do simbolismo químico é notável, por mostrar claramente a relação íntima entre o progresso da ciência e o progresso do sistema simbólico de que ela se vale: como dizia Lavoisier, discípulo do filósofo Condillac, não se pode aperfeiçoar a linguagem sem aperfeiçoar a ciência. Um primeiro traço marcante desta história é a evolução de um simbolismo "figurativo" para um simbolismo "característico", tomando este último termo de Leibniz. No simbolismo figurativo, que é, por exemplo, o dos alquimistas, os símbolos remetem quer diretamente a imagens sensíveis, quer a propriedades astrológicas ou místicas dos corpos.

O símbolo do ouro representa o Sol e está ligado ao dia do Senhor; o símbolo do ferro, um círculo de onde parte uma flecha para a direita e para cima, está associado ao planeta e ao deus Marte. Os alquimistas valem-se também de signos que representam instrumentos (o cadinho) ou operações (a pulverização). As fórmulas alquímicas são mementos operatórios, imprecisos e voluntariamente esotéricos: "feliz o que compreendeu" é a última frase de um manuscrito alquímico (de Zózimo, o Panopolitano, século III d. C.). A antiga terminologia da língua química oral é ainda claramente figurativa. Nela encontramos empréstimos metafóricos tomados da culinária (a manteiga de antimônio, o creme de tártaro) e da astrologia (o vitríolo de lua).

Um simbolismo "característico", pelo contrário, tende a permitir, mediante uma análise dos signos, reconhecer as propriedades químicas do objeto designado. Esta transformação do simbolismo manifesta-se muito explicitamente, embora ainda muito incompletamente, no final do século XVIII. "Mas hoje que a química dispõe de dezoito ácidos, cuja ação e cujos produtos são diferentes, agora que ela adquiriu recentemente duas terras, vários semimetais, que examinamos com atenção a ação recíproca de tantas matérias... se torna indispensável", escreve Guyton de Morveau, em 1872 (*Memória sobre as denominações químicas*), "adotar um sistema de denominação para indicar sem confusão os seus resultados." Numa grande Memória de 1787, Lavoisier propôs, então, um *Quadro da nomenclatura*, no qual a denominação das substâncias compostas é ordenada pela oposição entre bases e ácidos, e pelo papel mediador do "princípio oxigênio", que "acidifica". Lavoisier introduziu, então, a oposição entre as terminações em *-ique* e em *-eux* (em português, -ico e -oso) para os ácidos, conforme o grau de oxigenação, e as terminações em *-ate* e *-ite* (em português, -ato e -ito) para os respectivos sais.

Uma segunda característica desta história é o progressivo predomínio do simbolismo *gráfico* relativamente ao simbolismo oral. Já Lavoisier, ao mesmo tempo que conservava muitos símbolos alquímicos, representou reações por fórmulas que não são mais simples mementos de preparações de oficina. Mas foi só no século XIX que realmente se constituiu uma notação escrita capaz de representar os conhecimentos dos químicos. Berzelius (*Ensaio sobre a nomenclatura química*, 1811) introduziu a maior parte dos símbolos atuais de corpos simples então conhecidos, e fez com que representassem uma massa determinada do corpo. O aperfeiçoamento da linguagem prosseguirá paralelamente ao progresso da teoria atômica. Kékulé (1829-1896), de quem se conta que imaginou uma dança de átomos encadeados ao subir ao segundo andar de um ônibus em Clapham Road, Londres, e que viu em sonho a figura cíclica dos seis átomos de benzeno e de seus companheiros de hidrogênio, introduziu definitivamente uma representação espacial das ligações e das reações moleculares, que Le Bel (1847-1930) e Van't Hoff (1852-1911) deveriam estender a esquemas tridimensionais.

O terceiro traço notável, enfim, desta evolução da linguagem química é o aparecimento e o desenvolvimento de uma *sintaxe*. Os signos alquímicos eram em sua maioria elementos figurativos, isolados para cada substância, meramente justapostos nas fórmulas mementos. Aos poucos, esses símbolos foram se combinando de acordo com regras que representam reações. Já em Adets e Hassenfratz (1787), a água é, por exemplo, representada pela combinação do signo do hidrogênio (⊃) e do signo do oxigênio (—): ⊆; o nitrato de prata pela combinação dos signos do oxigênio, da prata Ⓐ e do nitrogênio (/): Ⓐ*I*.

Reteremos desta história não só que o aperfeiçoamento da linguagem e sua evolução no sentido de um sistema estritamente formal constituíram um progresso na *expressão* de um saber científico, mas também que ele sugeriu conhecimentos novos, já que a representação gráfica revela relações, possibilidades de operações, que em seguida se tentará verificar e realizar empiricamente, ou que serão o ponto de partida para novas concepções teóricas.

3. Exporemos muito brevemente o segundo exemplo: a formação do simbolismo fundamental do cálculo infinitesimal. Cavalieri, em sua *Geometria dos indivisíveis*, ou mais exatamente: "Geometria estendida aos indivisíveis dos contínuos por um método novo" (1635), introduziu com o nome de "indivisíveis" a noção de elementos infinitesimais recortados numa superfície ou num volume (um "contínuo"), e a noção da soma desses elementos. Ele nota essa soma pelas primeiras letras da palavra latina *omnes* (todos), seguidas do signo das partes a serem somadas: *omn w*. Num tal simbolismo, a variável que é indefinidamente dividida em porções iguais – as bases dos pequenos retângulos ou prismas a serem somados – não é indicada, já que *w* designa sem precisão estes elementos. É verdade que Cavalieri completa, por vezes, a sua notação escrevendo: *omn y ad x*, indicando então que x é a variável de integração e y a altura dos retângulos a somar. Leibniz começou usando essa notação em textos de 1675, mas introduzirá simultaneamente seu próprio simbolismo, que reflete a sua concepção profundamente nova dos "infinitesimais" e de sua manipulação. Assim, ele escreverá dx para o infinitesimal correspondente à grandeza variável x e $\dfrac{dy}{dx}$ para o limite do quociente das grandezas infinitesimais tomadas de x e de y, ou seja, a derivada relativamente a x da função y de x. Essa notação é imediatamente completada pela da integração através do signo $\int$. Leibniz começou escrevendo simplesmente: $\int x^2$ para notar a integração da função x^2 e depois introduziu a notação: $\int x^2 dx$. O progresso essencial do simbolismo leibniziano

consiste na indicação explícita da variável sobre a qual incide a diferenciação e na ligação de reciprocidade no uso dos dois símbolos de diferenciação e de integração. Leibniz pensara até em notar a integração $d^{-1}x$ em vez de $\int x$, notação interessante porque traduz *algebricamente* a reciprocidade com dx, mas que não permite distinguir comodamente a variável de integração e a função a integrar. A notação leibniziana definitiva era tão feliz que suplantou, entre os próprios anglo-saxões, a notação de Newton (é bem verdade que tardiamente: em Cambridge, em 1819). O único aperfeiçoamento, inventado por Legendre em 1786 e introduzido na prática por Fourier em 1822, é a notação dos limites da integral definida nas extremidades superior e inferior do sinal de soma.

A proposta da notação leibniziana foi feita simultaneamente à invenção do cálculo. Sabemos, por sua correspondência, que Leibniz a discutiu com vários de seus contemporâneos: Jacques e Jean Bernoulli, Wallis, Huygens, e que dava muita importância a ela. Citemos, por contraste, um texto que Newton publicou nos *Philosophical transactions* de 1714-1716 (v. XXIX, p. 204, publicado em 1717), afirmando que "não situa seu método nas formas dos símbolos e não se limita ao emprego de uma espécie particular de símbolos para as fluentes (as funções a derivar) ou para as fluxões (as derivadas)". Sem dúvida, Newton queria, com razão, ressaltar que seu cálculo não se reduzia a uma linguagem. Tampouco, aliás, o de Leibniz. No entanto, a escolha de uma boa notação mostrou sua importância ao facilitar consideravelmente, entre os continentais, o desenvolvimento precoce da teoria.

A relação das ciências com sua linguagem é, portanto, essencial. No entanto, não se deve concluir daí, como os nominalistas e os empiristas extremados, que a ciência não é nada mais do que um sistema de símbolos e, segundo a frase célebre de Condillac (1715-1780), "uma língua benfeita". Desse ponto de vista, o empirismo aparece como afirmando que todo conhecimento provém da experiência, que, assim, é a sua fonte *completa*; o nominalismo, sob esse ângulo, afirmaria que todo conhecimento provém de experiências singulares, *individuadas*, e as generalidades introduzidas pela linguagem são, por assim dizer, artifícios. Neste caso, todo o conteúdo positivo do conhecimento científico estaria nos conteúdos dos enunciados nela contidos que se referem diretamente à experiência. Alguns epistemólogos contemporâneos tentaram mostrar que era, assim, possível reduzir a exposição dos conhecimentos formulados pela ciência física a termos meramente empíricos, excluindo, por meio de manobras lógicas muito complicadas e, na verdade, pouco naturais, todos os "termos teóricos".[3] Esses conceitos teóricos são, no essencial, de natureza matemática. Nós nos perguntaremos, portanto, no próximo capítulo, o que significa o conhecimento matemático e se o papel desempenhado por ele nas ciências da empiria se reduz ao de um modo de expressão. Nossa resposta será negativa, e aproveitaremos a oportunidade para comparar dois tipos de realização da visão científica, duas categorias de objetos, duas espécies de métodos radicalmente distintos, cujos resultados, porém, se completam.

---

3. Ver, por exemplo, Sneed, *The logical structures of mathematical physics*, Boston, 1971; Field, *Science without numbers*, Princeton, 1980.

4
Ciências *Formais* e Ciências da Empiria

As matemáticas foram, ao longo da história, os primeiros conhecimentos a atingir o estatuto de ciência, no sentido em que o entendemos. Este privilégio está, sem dúvida, ligado à própria natureza dessa ciência e de seus objetos. A denominação de ciência "formal" que alguns filósofos, tanto neoplatônicos como neopositivistas, mas em sentidos diferentes, dão às matemáticas sublinharia, de fato, certa independência relativamente à observação dos fenômenos e, por conseguinte, a possibilidade de se desenvolverem unicamente pelas forças do pensamento. A realidade, porém, não é tão simples assim. Pois, por um lado, muitas vezes os conceitos matemáticos foram forjados *a propósito* de questões colocadas pela observação empírica; por outro, se a matemática não é uma ciência da natureza, ela não deixa de ter verdadeiros objetos.

I. Os objetos matemáticos

1. Sejam os seguintes exemplos de objetos e de propriedades matemáticas.
   a) As três medianas de um triângulo cortam-se no terço de sua altura.
   b) A sequência de números primos é indefinida.

c) Todo corpo finito é comutativo.

d) Não existem soluções em números inteiros positivos para a equação: $x^n + y^n = z^n$, se n inteiro é ≥ 3.

A propriedade *a* é facilmente compreendida e relacionada com objetos que se oferecem aos sentidos. Contudo, importa observar que a verificação de *a* não pode ser realizada de maneira satisfatória no espaço intuitivo explorado pelos nossos sentidos da visão e do tato. O que o matemático quer dizer por *a* não é apenas que as três linhas puxadas a régua dos três vértices de um triângulo, efetivamente desenhado, até que os meios dos lados opostos pareçam cortar-se num só ponto. Ele nos garante que objetos "ideais" (retas sem espessura e pontos sem dimensão) satisfazem necessariamente o enunciado.

O enunciado *b*, que não é senão a proposição 20 do livro 9 dos *Elementos*, de Euclides, aparentemente não desperta nenhum assentimento ou dissentimento intuitivo. Um número primo é um inteiro natural que só é divisível por si mesmo e pela unidade. Por que a lista desses números se deteria na sequência dos números inteiros? Por que não se deteria? A demonstração de Euclides, muito simples, e por isso mesmo exemplarmente bela, traz-nos, portanto, o conhecimento de uma propriedade imprevisível desses objetos, ideais, mas facilmente manipuláveis, embora resistentes à nossa fantasia, que são os números.

Quanto à proposição *c*, ela tem naturalmente com que intrigar, primeiro, quem ignora o que é um corpo,* noção, porém, de que há exemplos familiares a quem sabe operar algebricamente com as frações, que formam o corpo dos racionais. Outro exemplo muito conhecido de corpo seria o conjunto dos chamados números "reais", dotado das operações algébricas usuais de adição e de subtração, de multiplicação e de divisão. Um exemplo de *corpo finito*, um pouco menos imediato: o conjunto das classes de inteiros *módulo* um número primo p, onde são considerados idênticos os números que têm o mesmo resto na divisão por p, e sobre o qual incidem as operações algébricas ordinárias, tomando como resultado também *módulo p* ((0), (1), (2) representarão as classes *módulo* 3, e teremos, por exemplo, (0) + (1) = (1) e (1) + (2) = (0)). A explicitação de conceito de corpo, para a qual evitaremos supor que as operações sejam necessariamente comutativas (que a x b e $a + b$ sejam obrigatoriamente iguais a b x a e $b + a$), não é, porém, de modo algum imediata. Este objeto matemático, já muito abstrato, foi uma das principais conquistas da álgebra do século XIX. Quanto à propriedade enunciada por *c*, é claro que ela não deriva *diretamente* dessa definição do corpo, sendo totalmente inesperada; sua demonstração, aliás, envolve um mecanismo muito complexo, apesar da simplicidade da formulação de *c*.

A proposição *d* é o famoso "último teorema de Fermat", cuja demonstração ele não nos deixou, do qual não se conhece nenhum contraexemplo, e que até hoje vem desafiando o gênio dos maiores aritméticos. Assim, não só não sabemos se ele é verdadeiro, como também se é decidível, ou seja, demonstrável ou refutável.

2. Frequentemente se contrapõem duas concepções a uma concepção dita "platônica" do objeto matemático: uma "empirista", outra "nominalista". Segundo a primeira, ele seria simplesmente tirado da experiência por abstração; de acordo com a segunda, ele se reduziria a convenções e a construções linguísticas, a jogos de símbolos vazios de qualquer realidade. A tese empirista, que pareceria estar de acordo com os primeiros desenvolvimentos de uma geometria, parece-nos, porém, difícil de defender, dada a extrema abstração de alguns dos conceitos mais modernos das matemáticas, cada vez mais rebeldes a uma apreensão intuitiva, a não ser em vista de uma longínqua e aproximativa ilustração. A tese nominalista, que afirma o caráter puramente simbólico dos objetos matemáticos, depara-se com o fato considerável do sucesso de sua aplicação ao mundo empírico, assim como com o reconhecimento de propriedades não demonstradas (talvez indemonstráveis) de alguns objetos, no entanto, perfeitamente bem definidos. A tese "platônica",

que afirma a realidade específica e, por assim dizer, suprassensível dos seres matemáticos, põe certamente em evidência um aspecto incontestável desses objetos: a saber, sua consistência, a resistência que eles opõem ao pensamento. Ninguém poderia, sem contradição, recusar uma propriedade dos números primos se, relacionando-se com um número finito de casos, ela pudesse ser verificada ou se, no caso contrário, ela pudesse ser demonstrada. Mas coloca-se a questão de interpretar essa realidade, essa aparente exterioridade relativamente ao pensamento e sua dupla relação com o mundo empírico e com o simbolismo.

A história das matemáticas parece apresentar uma classificação por assim dizer natural dos objetos. Os antigos distinguiram nitidamente, primeiro, objetos geométricos, os mais elaborados e notáveis, dos quais foram, durante muito tempo, as secções cônicas e os poliedros regulares; e objetos aritméticos: o número inteiro positivo, o *Arithmos* por excelência. Porém, já na época de Eudoxo (meados do século IV a. C.) e de Platão, e sem dúvida já no tempo malconhecido dos primeiros pitagóricos (século VI a. C.), uma teoria das "grandezas" e, mais tarde, das "razões" entre grandezas (*Logoi*), e um cálculo geométrico das grandezas que possui certas características de uma álgebra, aproximam as duas espécies de objetos. E os dois grandes iniciadores do fim do mesmo século XVII, Newton e Leibniz, dão definitivamente às grandezas contínuas o acesso ao cálculo, introduzindo o segundo, além disso, o nome e, aproximadamente, o conceito moderno de grandezas "transcendentes".

Se a invenção da análise infinitesimal aproxima, sob certo aspecto, o objeto geométrico do objeto aritmético, será numa direção completamente diferente que esta aproximação se dará no século XIX, com uma forma mais abstrata de cálculo. Definir-se-ão, assim, com Felix Klein (1849-1925), *algumas* geometrias, com as leis de transformação a que seus objetos podem submeter-se, leis estas caracterizadas pela propriedade, de início essencialmente algébrica, de formarem um grupo.

Assim, a caracterização dos objetos vai tornando-se cada vez mais abstrata. A partir daí, a álgebra torna-se uma teoria geral das operações, destacadas da noção de número. Os próprios números sofreram extensões espetaculares, desde a introdução sub-reptícia, no século XVI, depois refletida e oficial, no fim do século XVIII, dos "imaginários". É verdade que o número inteiro intuitivo conserva um lugar, e um lugar insigne, no reino dos objetos matemáticos, em que a aritmética ainda reina como soberana, com suas conjecturas não demonstradas, mas exprimíveis em termos quase triviais, e suas aplicações inesperadas a outros domínios.

A proliferação e os imbricamentos recíprocos entre objetos matemáticos sugeriram, principalmente na década de 1920, que se tentasse reduzir a diversidade à de *estruturas elementares*, cujo enriquecimento progressivo permitiria reencontrar e classificar os objetos efetivamente presentes na matemática. A esta concepção, veio juntar-se a ideia de uma descrição dessas estruturas unicamente pela formulação de axiomas e de regras. Qualquer que tenha sido o sucesso dessa tentativa, o problema que se colocou foi o da unidade das matemáticas e da dispersão contínua dos objetos criados. A palavra "criado" que empregamos aqui é difícil de recusar, diante da prodigiosa proliferação de objetos. No entanto, ela não pressupõe que seja preciso rejeitar a ideia de uma existência de certo modo autônoma desses objetos ou, como se diz com frequência, desses *seres*.

3. É o que gostaríamos de justificar, interpretando a criação matemática como instituindo uma correlação entre os objetos que ela suscita e sistemas de operações que ela organiza.

Para fazer com que se entenda bem o que chamo de uma correlação, ou *dualidade*, que torna solidários os objetos de um sistema de operações, ao mesmo tempo que mantém os objetos praticamente numa vida própria, comentarei primeiro o caso extremo da lógica no sentido estrito, ou seja, o cálculo de proposições. Trata-se de uma espécie de pré-matemática que inclui operadores, como a negação, a alternativa, a conjunção, que criam novas proposições a partir de proposições dadas. Ora, na verdade, estes "objetos" que são as proposições são apenas, *no cálculo*, sombras de objetos ou, se quisermos, lugares vazios para objetos especificados *possíveis*. No cálculo, elas não têm nenhuma outra propriedade além da de serem postas ou não, ou, em termos usuais verdadeiras ou falsas, propriedade esta que é estritamente determinada, para as proposições compostas como "*a ou b*", "*a implica b*", pelas regras que regem os operadores "ou" e "implica". A correlação operação-objeto é, aqui, a mais perfeita possível; diremos que se trata do grau zero da oposição operação-objeto.

Ora, quando passamos dessa lógica elementar às matemáticas propriamente ditas — já quando passamos à teoria dos conjuntos, mas ainda mais evidentemente à aritmética, à álgebra comum, à análise infinitesimal, às geometrias —, vemos novamente que os objetos introduzidos são correlativos de sistemas de operações mais complexos. Mas esses objetos, ao contrário do "objeto sem qualidades" da lógica, enriquecem-se de propriedades não diretamente legíveis no sistema operatório que as constituiu originariamente. Somente a organização formal desse sistema confere, por assim dizer, novos conteúdos aos objetos. Como esses conteúdos não são, de forma alguma, tomados do mundo empírico, eu os chamarei de "conteúdos formais". Um exemplo bastante simples é fornecido pela introdução dos *números complexos*. A resolução de certas equações de terceiro grau levou os algebristas do século XVI a transgredirem as regras operatórias da álgebra clássica, ao fingirem poder extrair a raiz quadrada de um número negativo. Mais de dois séculos mais tarde, essa situação foi regularizada, aceitando-se como legítimo um novo sistema operatório no qual essa operação tem sentido, e seu resultado pertence, então, a um novo domínio de objetos, extensão do corpo* dos objetos anteriores, ou números reais. Eles serão chamados números "complexos", e o protótipo, a unidade geradora, será a raiz quadrada do número real-1, que Euler, em 1777, designou pela inicial *i* da palavra *imaginário*, símbolo este que só entrou de verdade na linguagem matemática com Gauss, em 1801. A modificação das regras operatórias é, portanto, aqui, correlativa da criação de um novo campo de objetos, que, também ele, forma neste caso um corpo,* numa parte do qual os antigos objetos se refletem: um número complexo sempre poderá ser posto na forma $u + vi$, onde u e v são reais, de sorte que os reais podem ser *identificados* com os complexos cujo coeficiente v é nulo. Mas os novos objetos revelam-se, então, extremamente ricos em propriedades totalmente novas, cuja exploração constituirá a análise complexa.

O traço mais significativo da correlação operação-objeto na matemática é, porém, o aparecimento de propriedades *não decidíveis*. Gödel, com efeito, demonstrou (1931) que, a partir de certo nível de enriquecimento dos objetos determinados por uma axiomática (a aritmética elementar, ou até a teoria dos conjuntos), podemos formular propriedades do objeto, ou seja, construir certos enunciados, a respeito dos quais sabemos, de fato, que são satisfeitos por realizações (por modelos) dos axiomas que expõem o sistema operatório de que se originaram, e que essas proposições não podem ser nem demonstráveis, nem refutáveis no sistema, caso se suponha que este seja não contraditório. Portanto, há aqui, de certa forma, uma superação do operatório pelo "objetal". Enquanto, em nível do cálculo lógico das sentenças,[1] as sombras de objetos que são as proposições são totalmente "transparentes", completamente determináveis pelo sistema operatório dos axiomas; enquanto, até o nível imediatamente superior de enriquecimento do objeto – os predicados, ou funções –, essa determinação completa ainda subsiste, embora menos transparente, uma vez que não existe algoritmo geralmente aplicável para torná-la efetiva (para *demonstrar* todas as proposições *verdadeiras*), nos objetos propriamente matemáticos aparecem *conteúdos formais* que

---

1. Empregamos indiferentemente a expressão "cálculo sentencial" ou "cálculo das proposições", já que a distinção não tem importância aqui. Em princípio, a "proposição" seria *o que* uma sentença *significa*.

escapam à determinação operatória. Assim se manifesta, segundo cremos, a consistência autônoma e, por assim dizer, a solidez desses seres, oriundos, porém, de operações de pensamento. Tais objetos não deixam de ser, com efeito, criações. Se alguns deles se revelam próprios para servirem de quadro a uma descrição da experiência nas ciências da natureza ou do homem, é porque a matemática é uma *teoria geral das formas de objetos possíveis*.

II. Demonstração e verdade nas matemáticas

1. Até a descoberta das geometrias não euclidianas, acreditou-se que essas formas de objetos correspondessem à única esquematização possível dos objetos da experiência, em particular da espacial. Desde Euclides, pôde-se considerar como *verdadeiros* num sentido absoluto os enunciados relacionados a tais formas de objetos, determinadas então por um sistema de definições e de axiomas, mais ou menos explícitos, com base nos quais esses enunciados eram deduzidos. A demonstração matemática, assim, apareceu bastante cedo como estabelecendo a verdade de enunciados no interior de um sistema de axiomas, concepção praticada por Euclides, por volta de 300 a. C., e já codificada por Aristóteles na geração anterior. Mas Aristóteles, e seus sucessores ao longo dos séculos, acreditaram poder reduzir toda demonstração matemática aos esquemas do silogismo, que se aplica aos casos em que se quer unir dois conceitos por intermédio de um terceiro. Os conceitos representados por formas são, então, combinados em proposições, de acordo com formas fixas, tais como: "*p* pertence universalmente a *q*" ou: "*p* não pertence a algum *q*". Ora, o raciocínio matemático só acidentalmente se apresenta sob esse aspecto. O próprio Euclides lhe imprimia uma forma geral um tanto ritualizada, mas de modo algum silogística.

De fato, o trabalho do matemático não se reduz de forma alguma a *demonstrar*. Os problemas com que se depara ou que se propõe poderão, sem dúvida, ser do tipo: posso demonstrar esta proposição, cuja verdade eu conjecturo?, mas também do tipo: como redefinir tal conceito, para que ele se aplique a tal situação nova e dê um sentido a tal resultado, ou o generalize? De modo que, num grande número de casos, é o fracasso em demonstrar uma conjectura que gera pesquisas frutuosas e inovações inesperadas: assim, os vãos esforços gastos para demonstrar o grande teorema de Fermat, e sobretudo a hipótese de Riemann,* estiveram na origem de grandes progressos na teoria dos números (O. Zariski, A. Weil, P. Deligne). Da mesma forma, algumas demonstrações de impossibilidade sugeriram desenvolvimentos fecundos (impossibilidade de um *algoritmo* que permita saber se uma equação polinomial de coeficientes inteiros tem soluções racionais: Matiasevich, 1970). Às vezes acontece, em compensação, que uma demonstração acabada feche, por assim dizer, uma via, relegando uma proposição, e às vezes toda uma teoria, ao museu das verdades estabelecidas, mas, pelo menos provisoriamente, sem posteridade.

2. De qualquer forma, uma proposição matemática só goza oficialmente de cidadania quando demonstrada. A demonstração pode apresentar-se como a *verificação* de casos elementares: o resultado de uma operação simples sobre números ou outros objetos, a constatação de uma certa configuração geométrica. Quando a enumeração desses casos, numa demonstração complexa, enumeração esta cuja lei de formação é conhecida pelo matemático, for muito extensa, pode acontecer que ela seja confiada a uma máquina. Foi o que aconteceu recentemente com a demonstração do "Teorema das quatro cores"* (Appel e Haken, 1977). Contestou-se a validade de uma tal demonstração. Convém observar, porém, que o computador, nesse caso, apenas aplica de maneira repetitiva, com menores riscos de erro do que a mente humana, aquilo cujo esquema foi concebido e cujo programa foi estabelecido por ela.

A situação mais comum, pelo menos até a nossa época, é, aliás, a representada pela chamada regra do *modus ponens*: "se *p*, então *q*; ora *p*, portanto *q*", regra totalmente formal e vazia, pois nela nada fica dito acerca do coração mesmo da demonstração, a saber, a *razão* do "se, então", que é particular a cada processo demonstrativo e depende do gênio inventivo do matemático. Uma variante, dita demonstração pelo absurdo, merece, porém, alguns comentários. Um esquema possível para ela seria: "De *a* se demonstra *b*; ora, verifica-se (ou demonstra-se) não *b*; portanto, não *a* está demonstrado". A validade desse processo depende estreitamente do chamado princípio do terceiro excluído: uma proposição é verdadeira ou falsa; se ela não for verdadeira, é falsa, e se não for falsa, é verdadeira. Num campo em que as proposições têm um sentido bem determinado, esse princípio aparece como dificilmente recusável quando consideramos os objetos de um conjunto *finito*, que podemos, portanto, em princípio, explorar exaustivamente e no qual podemos constatar a presença ou a ausência da propriedade enunciada pela proposição. Se esse conjunto não for finito, a situação é diferente. Os matemáticos lógicos ditos "intuicionistas" (Brouwer, Heyting), levando ao extremo uma exigência de verificação das proposições matemáticas, recusam-se a aplicar o terceiro excluído. Da demonstração de que, em geral, *é falso que* todo *x* (num conjunto não finito) tenha a propriedade f,[2] eles se recusarão a concluir que *existe um x* que não a possua. Ou seja, a existência de um tal *x* deveria ser efetivamente constatada. Seria preciso que a teoria oferecesse meios de *exibir* um tal *x*. Não desenvolveremos aqui a argumentação nem as consequências de uma tal exigência. Digamos apenas que ela acarreta a reconstrução de uma matemática que difere em pontos importantes e fundamentais da matemática clássica. Por exemplo, ela dissocia a propriedade, para dois reais, de serem distintos um do outro, em desigualdade simples e "separação", e produz casos em que um número é diferente de 0 (é, então,

---

2. Por exemplo, mediante um raciocínio por recorrência: supõem-se numerados os objetos a_i; estabelece-se que $f(a_n)$, e que se $f(a_j)$, então $f(a_{j+1})$; conclui-se daí que $f(a_i)$ é verdadeiro para todo índice $i \geq n$.

contraditório igualá-lo a 0), sem que, contudo, se possa demonstrar que ele esteja "separado" de 0, propriedade mais forte que exige constatações efetivas acerca dos termos de seu desenvolvimento.

3. Prefeririamos, no entanto, insistir na concepção de conjunto da validade das matemáticas, que está associada ao intuicionismo.

A questão levantada diz respeito à possibilidade de *provar* a não contradição de um edifício matemático; para o intuicionismo, esta questão não se coloca realmente. A matemática, tal como ele a constrói, é, segundo a frase de Heyting, "mais uma atividade do que uma teoria". Reservando-se durante cada processo a possibilidade efetiva de exibir objetos, ela, por assim dizer, prova o movimento andando. Mas a disciplina reconstruída não coincide mais, como acabamos de ver, com a matemática que vem sendo praticada há séculos pela maioria dos cientistas.

O problema se colocou realmente numa outra perspectiva. Hilbert (com Ackermann, 1935-1939) propôs que se tomasse como teoria incondicionalmente fundamentada uma parte restrita e muito intuitiva da aritmética, e que ela fosse utilizada como instrumento "metamatemático" para mostrar a não contradição do conjunto do edifício clássico. Ele considerou, então, os enunciados dessa disciplina como arranjos de "signos concretos", sobre os quais incidissem as operações de verificação, das quais Hilbert exige também que sejam "finitistas" e efetivas. Ele pensava poder, assim, conferir cidadania às teorias cantorianas sobre os números infinitos de diferentes ordens, cujos objetos foram por ele qualificados como "ideais", já que escapavam a um exame direto que satisfizesse às exigências de sua metamatemática.

Vê-se que o móbil do "formalismo" hilbertiano, assim como do "intuicionismo" brouweriano, é assentar a certeza de não contradição das matemáticas, a segurança de que jamais seus procedimentos levarão a colocar ao mesmo tempo uma proposição e a sua negação ou, aritmeticamente, que $1 \neq 1$. Mas a tentativa brouweriana tem como resultado mudar a natureza da própria disciplina visada; e a tentativa hilbertiana se choca contra a metademonstração, feita justamente por Gödel no mesmo espírito de Hilbert, de que é impossível a demonstração da não contradição da aritmética (1932).

A demonstração abstrata da validade global das matemáticas por meio das próprias matemáticas aparece, portanto, como um problema insolúvel ou malcolocado. Antes disso, Frege, seguido de Russell, com o mesmo objetivo, haviam tentado fundamentar a matemática em conceitos de pura lógica: cálculo proposicional (que, por sua vez, é demonstravelmente não contraditório, completo e decidível: toda proposição mostrada como verdadeira numa realização ou modelo é demonstrável por um algoritmo que sempre dá certo no sistema), cálculo dos predicados (também não contraditório e completo, mas sem que exista um algoritmo geral para demonstrar toda proposição verificada num modelo). Mas a descoberta dos paradoxos* da teoria dos conjuntos, feita pelo próprio Russell e depois por outros lógicos, reduziu a nada essa esperança. É preciso, portanto, até prova em contrário, contentar-se com certezas "locais" de não contradição dos teoremas da matemática e com a constatação de que, ao longo de sua história, a fecundidade de seus raciocínios jamais esmoreceu. E, voltando ao que dizíamos no parágrafo I.3 deste capítulo, tornaremos a lembrar que o sentido da consistência dessa disciplina está ligado à correlação, imperfeita mas perfeitamente explícita, dos objetos que ela produz e dos sistemas operatórios que ela propõe. Assim, ela continua a fornecer às outras ciências um paradigma de conhecimento rigoroso, mesmo sabendo que o rigor é sempre relativo e que o fundamento absoluto não é alcançado.

III. Os objetos das ciências da empiria

1. O conhecimento científico do que depende da experiência consiste sempre em *construir esquemas ou modelos abstratos dessa experiência*, e em explorar, por meio da lógica e

das matemáticas, as relações entre os elementos abstratos desses modelos, para finalmente deduzir daí propriedades que correspondam, com uma precisão suficiente, a propriedades empíricas diretamente observáveis. Os objetos das ciências empíricas, portanto, são rigorosamente abstrações, mas abstrações suscetíveis de serem vinculadas segundo procedimentos regulados por constatações de nossos sentidos. A primeira tarefa que se propõe, então, a uma filosofia das ciências é a descrição e a análise das relações entre a experiência mais imediata e as abstrações da ciência; a segunda é o exame da organização dessas abstrações em *teorias*; a terceira, a pesquisa do sentido e do alcance dos procedimentos de validação desses conhecimentos. Neste capítulo, nos limitaremos à experiência do mundo físico, reservando para o próximo o caso particularíssimo da experiência e do conhecimento científico dos fatos humanos.

Começaremos apresentando alguns exemplos simples, embora não triviais, de enunciados que formulam conhecimentos nas ciências da natureza.

a) A relação fundamental da termodinâmica é: $TdS \geq dU + dA$.

b) O *efeito Hall* é o aparecimento de um campo elétrico transversal e de uma diferença de potencial num metal ou num semicondutor* atravessados por uma corrente elétrica, quando são introduzidos num campo magnético perpendicular à direção da corrente. O campo elétrico transversal é: $E = R.B \times j$, sendo B o vector campo magnético, j o vector densidade de corrente, R a constante de Hall; o símbolo x simboliza um produto vectorial.

c) Os ácidos duros (moles) unem-se de preferência às bases duras (moles). O controle de carga predomina para as interações moles; o controle orbitalar para as interações duras.

d) Os dois fios de uma dupla hélice de DNA são antiparalelos, emparelhando-se com seu fio complementar orientado no sentido oposto. Graças à complementaridade das bases, a síntese do DNA é semiconservativa: cada fio serve de matriz para a síntese do fio complementar.[3]

O enunciado *a* é uma fórmula muito geral, que decorre de dois grandes princípios da termodinâmica: conservação da energia e impossibilidade de transferir, sem trabalho, calor de um corpo mais frio para um corpo mais quente. O enunciado expressa uma relação entre as grandezas que caracterizam o estado do sistema ou sua evolução: temperatura absoluta T, variação de entropia* dS, variação de energia interna dU e trabalho elementar dA efetuado pelo sistema sobre o mundo exterior. Esse balanço das energias é uma representação *abstrata* dos fenômenos, mesmo porque o termo TdS, correspondente a uma quantidade de calor recebida, usa de uma variação de entropia,* definida por uma transformação *reversível*, irrealizável praticamente. Todavia, podemos extrair dessa fórmula uma teoria simples do funcionamento de um refrigerador e de uma bomba de calor. O enunciado *b* diz respeito a um fenômeno específico, artificialmente produzido. Descreve esquematicamente, por meio dos termos abstratos "campo magnético", "campo elétrico", um efeito mensurável: o aparecimento de uma diferença de potencial, interpretada no esquema do semicondutor,* como acumulação de cargas opostas nas faces desse semicondutor.* Quanto ao enunciado químico *c*, ele está relacionado com uma teoria geral das reações ácido-base. Ele só é compreensível se conhecermos o sentido das palavras "ácido" e "base" *na teoria de Lewis*: recebedores e doadores de elétrons; e o de "controle da carga" e "controle orbitalar", num modelo eletrônico da matéria. Dois átomos podem reagir, nessa representação, quer por intermédio das órbitas de "circulação" de seus elétrons (ligação covalente), quer pela atração de suas cargas elétricas globais (ligação

---

3. Tomemos o exemplo *C* ao químico P. Lazlo (*Cours de plytechnique sur la Logique de la synthèse organique*, 1988) e o exemplo *d* a um artigo de A. Kahn na *Encyclopaedia universalis*, 1990 (Genética molecular) sem pretender a citações textuais.

iônica). Portanto, é no interior de um tal modelo que ganham sentido as consequências qualitativas e numéricas observáveis concernentes a reações químicas efetivas.

O exemplo de genética molecular *d* é uma *descrição* sumária da hélice de DNA; ele supõe conhecida uma teoria química dos ácidos nucleicos. Essa descrição da estrutura do genes constituiu por si só uma descoberta capital (Watson e Crick, 1953).

Com esta amostragem, que inclui exemplos muito teóricos e exemplos de explicação de fenômenos particulares, quisemos ressaltar o seguinte fato epistemológico essencial: os objetos de que tratam as ciências da empiria são *sempre* objetos abstratos, mais ou menos indiretamente associáveis a fenômenos.

2. Vamos primeiramente interpretar as modalidades dessa redução dos fenômenos aos *objetos* de ciência. A primeira característica que aparece nessa redução é a neutralização, ou pelo menos a simplificação, do qualitativo sensível. O objeto científico não poderia conservar a riqueza do objeto percebido; uma parte importante das propriedades sensíveis dos fenômenos deve ser deliberadamente desprezada. O exemplo protótipo dessa redução poderia ser tomado da esquematização do fenômeno da queda de um corpo, feita por Galileu.

O iniciador do estudo científico da natureza decidiu não levar em conta, nos fenômenos que vai descrever e cuja lei vai formular, nem efeitos do meio de queda, nem da configuração do móvel que cai. Pelo menos vai esforçar-se por determinar condições de experiência – mesmo que fictícias – em que esses efeitos só intervirão pouco.

Se acharmos – diz Salviatti, que representa Galileu na primeira Jornada dos *Discorsi*[4] – que, de fato, móveis de pesos

---

4. *Discours et démonstrations mathématiques concernant deux sciences nouvelles*, Leiden, 1638. Citarei de acordo com a excelente tradução francesa comentada de Maurici Clavelin (Armand Colin, 1970).

específicos variáveis têm velocidades cada vez menos diferentes conforme os meios sejam cada vez mais fáceis de penetrar, e que, afinal de contas, no meio mais tênue, embora não vazio, e para pesos muito desiguais, a diferença das velocidades é muito pequena e quase imperceptível, então poderemos admitir, com grande probabilidade, que no vácuo as velocidades seriam todas iguais.

Ele aceita, portanto, conforme a expressão do historiador das ciências Koyré, "colocar-se fora da realidade".

A descrição do fenômeno de queda é, então, reduzida à da mudança de velocidade, que só envolve dois fatores: o espaço percorrido e o tempo de percurso.

Nesta perspectiva, Galileu constrói um *modelo abstrato de movimento acelerado*, apresentado como a mais simples definição possível. Por certo, o objetivo é realmente "encontrar e explicar uma definição que se relacione com precisão com esse movimento tal como a natureza o utiliza". Mas "nada impede que imaginemos um tipo arbitrário de movimento cujos traços característicos consideraríamos em seguida" (*Discorsi*, p. 130). Assim, ele define esse objeto abstrato e *virtual*, no sentido que já demos à palavra, ou seja, despojado de todas as circunstâncias acessórias de sua realização efetiva, como o movimento no qual "em frações de tempo iguais quaisquer, produzem-se adições iguais de velocidade" (*Discorsi*, p. 131). É nesse modelo abstrato de um fato virtual que se desenrolarão todos os raciocínios desenvolvidos na terceira Jornada, engenhosamente conduzidos sem o auxílio do cálculo infinitesimal ainda por nascer, e que estabelecem as propriedades doravante clássicas de um tal movimento: velocidades proporcionais aos tempos de percurso, espaços percorridos proporcionais a seus quadrados. Sabemos que nos ensaios anteriores (1604), Galileu cometera um erro sobre esse ponto, acreditando que a velocidade crescia proporcionalmente ao espaço, e não ao tempo. Mas tratava-se igualmente de uma análise, embora matematicamente errônea, do modelo abstrato.

O exame do fato virtual da queda deve naturalmente, na mente de Galileu, ser completado por um confronto com o fato real de experiência, como lembra o aristotélico Simplicio dos *Discorsi*. Embora a importância da confirmação experimental esteja muito fortemente indicada nos *Discorsi*, é lícito pensar que se tratava mais de uma aspiração do que de uma realização efetiva. Em compensação, não se deixará de notar o interesse de Galileu, homem moderno sob muitos aspectos, pelas técnicas, como mostra, nas primeiras palavras de Salviati, seu elogio ao famoso arsenal de Veneza. No entanto, a contribuição capital de Galileu é sua concepção do *objeto* dessa nova ciência do movimento, de sua redução a elementos simples, ligados num esquema de fato virtual, investigável matematicamente. Nesse nível, a explicação consiste, como se vê, numa descrição precisa da relação entre estes fatores abstratos que são, neste caso, espaço, tempo e velocidade. Uma *lei* mecânica não é, então, nada mais do que essa descrição, apresentada inicialmente como definição do fato virtual. No entanto, encontramos já nos *Discorsi* as premissas de uma explicação mais completa, que consistirá, em Newton, por exemplo, na constituição de um modelo abstrato que fornecerá – embora o próprio Newton tenha, em certo sentido, recusado a palavra – uma descrição *causal* do movimento, pelo princípio de inércia e pela lei de atração. O que encontramos em Galileu é a formulação ainda imprecisa do princípio de inércia: "Um grau de velocidade qualquer, uma vez comunicado a um móvel, nele se imprime de maneira indelével em razão unicamente de sua natureza, e contanto que sejam suprimidas as causas exteriores de aceleração e de desaceleração..." (3ª Jornada, p. 178). É bem verdade que, para Galileu, a "causa" do movimento acelerado de gravidade é interna ao móvel e se exerce na direção do centro da Terra, de modo que ele não pôde conceber o princípio em toda a sua significação. Mas o objeto científico daí em diante poderá ser entendido, com base no modelo do fato galileano do movimento, como resultante de uma esquematização da experiência e de sua inserção num sistema de conceitos onde ganha sentido, e que lhe serve, por assim dizer, como referencial. É a natureza desses sistemas que agora devemos examinar, sob o nome de *teorias* científicas.

IV. As teorias

1. Tomemos como exemplo de uma "grande teoria" a da gravitação newtoniana, tal como foi exposta nos *Philosophia naturalis principia mathematica* (Princípios matemáticos de filosofia natural, Londres, 1686).[5] No Prefácio da edição original, Newton escreve que "toda a tarefa de que está encarregada a filosofia (*entenda-se:* "*ciência da natureza*") parece consistir em explorar as forças da natureza com base nos fenômenos dos movimentos e, partindo dessas forças, em demonstrar os outros fenômenos" (p. xvii). Vemos que a ambição é grande: trata-se de relacionar os fenômenos observáveis de movimentos com um sistema latente de forças que deve dar conta deles e, a partir daí, explicar, isto é, deduzir todos os outros fenômenos. O coração da teoria é constituído pela descoberta do sistema de forças; sem conhecê-las, "as filosofias procuraram em vão, até agora, explorar a natureza". E acrescenta que gostaria de "poder derivar o resto dos fenômenos da natureza mediante o mesmo tipo de raciocínio, a partir de princípios mecânicos" (ibid., p. xviii).

2. A teoria propõe, primeiro, certos quadros de descrição dos fenômenos que tentará explicar. Esses quadros aparecem nos *Princípios* sob a forma de definições liminares: quantidade de matéria; quantidade de movimento (produto de uma massa por uma velocidade); força aplicada, como causa da mudança do estado de repouso ou de movimento uniforme de um corpo (definição IV); aceleração, ou aumento

---

5. Citado de acordo com a tradução inglesa de Motte (1729), publicada e anotada por Cajori (Berkeley, 1934).

de velocidade, gerada por uma força centrípeta. No célebre *Escólio* que se segue a essas definições, Newton precisa sua concepção do espaço e do tempo como quadros fundamentais, referencial de base da descrição de todos os fenômenos. Sua exposição é apresentada como uma crítica dos preconceitos populares, e ele sublinha a oposição "do relativo e do absoluto, do aparente e do verdadeiro, do vulgar e do matemático". (ibid., p. 6). O tempo e o espaço em que serão descritos os fenômenos são absolutos, ao contrário dos que os sentidos nos revelam imediatamente. No entanto, ele reconhece que o movimento absoluto é, para nós, difícil de descobrir, pois as partes do espaço imóvel, onde se dão os movimentos reais, escapam aos nossos sentidos. Contudo, o aparecimento de forças centrífugas nas rotações lhe parece um critério de movimento absoluto.

3. Porém, uma teoria não se estabelece apenas baseada nas regras de descrição dos fenômenos. Ela também propõe hipóteses ou princípios gerais que, na obra de Newton, se chamam "axiomas e leis do movimento". São os três célebres princípios: de inércia; da proporcionalidade da força impressa à "mudança de movimento", isto é, à aceleração em sua direção; da igualdade da ação e da reação. Tais proposições, evidentemente, não são apresentadas como propriedades diretamente constatáveis nos fenômenos efetivamente observados. São propriedades constitutivas do que chamamos de fatos virtuais abstratos do movimento. A constatação empírica do princípio de inércia, por exemplo, suporia que o móvel de prova se furtasse a qualquer força impressa; ora, o desenvolvimento do sistema do mundo newtoniano leva a se postular a atração universal das massas: o móvel de prova deveria, portanto, estar absolutamente isolado (é bem verdade que, sobre este último ponto, poderíamos contentar-nos com o referencial definido pelas "estrelas fixas").

Evidentemente, uma teoria comporta também *dados empíricos*. É o que Newton chamava de *fenômenos* no sentido estrito e enumera no início do terceiro livro. Esses dados acerca das órbitas dos planetas constituem regularidades descobertas por Kepler sob a forma de leis empíricas fundamentais, que Newton retoma (fenômenos 3, 4 e 5). Ele indica avaliações mais recentes das distâncias e dos tempos de revolução, assim como os mesmos dados relativos às órbitas dos satélites de Júpiter e de Saturno (fenômenos 1 e 2). São, portanto, termos empíricos, que podemos tentar contrapor a termos puramente teóricos, como serão as forças de atração, que o cálculo permite supor como causas das revoluções dos objetos celestes. Daremos maior ênfase, pelo contrário, ao papel desempenhado pelos elementos teóricos, e particularmente pelos matemáticos, não só na formulação das teorias, como também, e sobretudo, na *invenção dos conceitos*. Vimos que as matemáticas podiam ser encaradas como uma teoria geral das formas de objetos possíveis. Assim, o trabalho do matemático é que fornece os conceitos abstratos de que as ciências da empiria precisam para construírem seus modelos de objetos virtuais; quer se tais formas de objetos tenham preexistido no tesouro acumulado, sem projeto de aplicação, pelos matemáticos (é o caso dos "espaços de Hilbert",* que se tornaram um instrumento fundamental da física quântica ou do cálculo tensorial, que será utilizado pelas teorias da relatividade); quer se os próprios físicos, químicos ou biólogos formulem demandas mais ou menos precisas que descrevam as características do instrumento de que carecem, e algum matemático, interessado nesse requisitório, lhos ofereça (este é particularmente o caso do cálculo infinitesimal, de que os problemas levantados pela mecânica no final do século XVII precisavam muito).

V. A validação dos enunciados das ciências empíricas

1. Os enunciados das ciências da empiria são propostos como verdades, bem definidas no "referencial" de uma dada teoria, mas parciais e provisórias relativamente à experiência, dada a renovação possível e a provável melhora dos

métodos de observação e de medida. Tais enunciados, mesmo precários, exigem, porém, validação. É uma condição essencial da cientificidade de um enunciado empírico *dar azo* a um controle. Karl Popper insistiu muito sobre esse ponto, num livro que se tornou clássico (*A lógica da descoberta científica*, 1959, trad. francesa, 1973), e o interpretou como presença de um *critério de refutabilidade*. Um enunciado, enquanto enunciado de uma ciência empírica, "deve poder ser refutado pela experiência" (op. cit., p. 37). Este critério de refutabilidade é, sem dúvida, fundamental; parece realmente que, se admitirmos inconsideradamente enunciados não potencialmente refutáveis, tudo ou quase tudo será permitido. Note-se, porém, que só se supõe uma possibilidade de *conceber situações empíricas* de refutação, e não necessariamente sua realização concreta. Todavia, um exame mais pormenorizado dos tipos de enunciados que aparecem nas ciências leva a se matizar o alcance desse critério.

Sem poder desenvolver esta discussão, indiquemos apenas o caso dos princípios e hipóteses de base que constituem o "referencial" de uma teoria, e cuja refutação não poderíamos exigir, a não ser indiretamente, através do insucesso da própria teoria. O exemplo simples do princípio de inércia mostra bastante claramente que, num caso desses, o próprio sentido do enunciado é condicionado por uma cláusula irrealizável empiricamente; o mesmo ocorre com o segundo princípio da termodinâmica (aumento da entropia*), que supõe um sistema isolado e transformações infinitesimais reversíveis. De um ponto de vista ainda mais geral, se as ciências empíricas não podem deixar de formular enunciados de tipo lógico existencial ("existe um *x* tal que..."), é preciso, em rigor, considerá-las não refutáveis, uma vez que o domínio dos objetos x a explorar é (praticamente) infinito.

2. Admitamos, pois, que, ainda que o critério de refutabilidade seja, de direito, decisivo, é preciso considerar também critérios positivos, embora imperfeitos, de validação. Uma primeira observação diz respeito à ideia de

aproximação. Se é verdade que os conceitos, e por conseguinte os encadeamentos de conceitos – as leis –, que as ciências da empiria utilizam são sempre apenas esquemas de *fatos virtuais*, eles são, por natureza, parcialmente indeterminados quanto às condições efetivas da experiência. O ideal do conhecimento científico não é, então, obter uma exata coincidência de observações e de medidas com os resultados teóricos (que dizem respeito aos fatos virtuais). Deve-se superpor à teoria do fato a verificar uma *teoria do procedimento de verificação*, que, entre outras informações, fornecerá indicações sobre os limites da aproximação que se deve esperar e sobre os intervalos em que podemos confiar. Em rigor, há aí, portanto, um recuo ao infinito de teoria em teoria segunda: mas a realidade dos fenômenos revela-se tal que os sucessos alcançados permitem, em geral, se deter. Aliás, muitas vezes são as teorias mais abstratas que fornecem logo de saída as melhores aproximações e já envolvem, por assim dizer, a teoria de sua própria verificação. É o caso, aparentemente, da física quântica, cujas predições, dizem, são confirmadas com aproximações desconhecidas em outras áreas.

3. Nossa segunda observação refere-se justamente à validação de enunciados probabilistas. A observação precedente acerca das próprias teorias dos procedimentos de verificação introduzia implicitamente tais enunciados. Essas teorias segundas dizem-nos, por exemplo, que um valor tem tal probabilidade de se encontrar num dado intervalo. De um modo mais geral, um grande número de resultados empíricos deduzidos das teorias das ciências da natureza se dão sob a forma de probabilidades.

Há de se observar que uma probabilidade, enquanto grandeza abstrata, é um conceito de pura matemática, definido como um número real compreendido entre 0 e 1, vinculado aos subconjuntos de um conjunto total ao qual pertence o número 1, sendo o número 0 atribuído a sua parte vazia. Essas distribuições de valor são matematicamente arbitrárias, exceto para satisfazer alguns axiomas simples, como por exemplo: a probabilidade atribuída à reunião de dois conjuntos *disjuntos* é a soma das probabilidades atribuídas a cada um deles. A representação intuitiva mais simples – e historicamente primeira, nas obras de Pascal (1654), Fermat (1654), Jacques Bernoulli (*Ars conjectandi*, a arte de conjecturar, 1713) – é a das frequências relativas das diferentes variantes de um acontecimento correspondente a esses subconjuntos; por exemplo, o acontecimento *cara* e o acontecimento *coroa*. Mas a característica elementar fundamental do cálculo que daí decorre é que se consideram todas as *sequências virtuais possíveis* de partidas de n lances, sendo as frequências dos acontecimentos em questão variáveis em cada uma delas.

Quando um enunciado científico afirma que tal acontecimento E tem a probabilidade p, que podemos verificar? E como? Essa afirmação é, por certo, compatível com qualquer valor da frequência constatada do acontecimento, numa sequência real de provas, pois ela afirma simplesmente que *a esperança matemática da frequência de E "tende" a p numa realização infinita de sequências*. A verificação exigiria, portanto, a realização de um número bastante considerável dessas sequências, sem que, porém, a frequência daquelas em que o acontecimento tenha valores muito próximos de p forneça uma probabilidade rigorosa em sentido abstrato.

Assim, o que oferece o cálculo das probabilidades, cujo rigor só incide sobre os objetos matemáticos, são sequências abstratas virtuais, as *probabilidades* dos desvios em relação às *esperanças matemáticas*. Tais teoremas, cujas variantes mais elaboradas se chamam "leis dos grandes números", *nada nos dizem sobre a empiria*. No entanto, o mundo real é tal que podemos, com sucesso, conjecturar que as frequências de desvios observadas serão bastante próximas das probabilidades abstratas calculadas e que as probabilidades suficientemente próximas de 0 ou de 1 corresponderão, de fato, a uma quase impossibilidade ou a uma quase certeza.

4. Uma terceira e derradeira observação relacionar-se-á com a validação não mais de enunciados isolados, e sim de

teorias como um todo. Certamente, a história antiga e recente das ciências oferece-nos muitos exemplos em que a verificação de um enunciado isolado, que exprima um fato ou um encadeamento de fatos (uma lei), contribuiu para confirmar o conjunto de uma construção teórica. Conhece-se o célebre aparecimento de Netuno na luneta do astrônomo berlinense Galle, no dia 23 de setembro de 1846, no lugar do céu onde os cálculos de Le Verrier o haviam situado; esses cálculos, referentes às perturbações inexplicadas da trajetória de Urano, que se supunha dependerem da presença de um planeta desconhecido, foram considerados como portadores de uma confirmação brilhante ao sistema newtoniano em que foram realizados. Inversamente, um fato inexplicável numa teoria, quando é explicado em uma teoria nova, aumenta, evidentemente, o grau de confirmação desta última. O avanço secular do periélio de Mercúrio, inexplicável na mecânica newtoniana, é predito com boa aproximação pela teoria da Relatividade Geral, ainda que através de um complexo tratamento matemático dos dados, para isolá-lo de outros efeitos.

Mas, como vimos no parágrafo V.1 deste capítulo, uma confirmação não poderia ser absolutamente decisiva, tanto para uma lei quanto para uma teoria. A questão epistemológica que realmente se põe é, pelo contrário, a do valor *infirmativo* de um fato para a teoria. Basta um fato negativo para se rejeitar uma teoria em que ele não pode enquadrar-se? O exemplo recente mais espetacular foi dado pelos resultados da experiência de Michelson e Morley, em 1881 e 1887, que eram contrários à hipótese de um éter imóvel, sede das oscilações eletromagnéticas e, em particular, do fenômeno luminoso, na teoria de Maxwell. Segundo essa teoria, a velocidade da luz, relativamente a esse éter imóvel, deveria, em conformidade com a mecânica clássica, comportar-se na experiência com a velocidade relativa do dispositivo em que era medida. Ora, as experiências, levando em conta até as aproximações esperadas, revelaram uma velocidade da luz constante. Esse fato *atual* contestava, portanto, o fato *virtual* da teoria, e até mesmo um fato virtual muito geral da mecânica clássica. Não tornaremos a contar as peripécias da história da hipótese do éter e da rejeição final da teoria mecânica clássica em favor da mecânica relativista einsteiniana. Observaremos apenas que as primeira tentativas de modificação da teoria eletromagnética feitas por Lorentz foram aparentemente independentes, na origem, dos resultados empíricos de Michelson e Morley, que ele não citava, e decorreram de uma reflexão crítica sobre as equações de Maxwell.* O mesmo aconteceu com a meditação de Einstein sobre uma dissimetria que deriva dessas equações, supostamente referentes a um éter em repouso absoluto, e que, porém, não se traduz nos fenômenos. Mas é bem verdade que o resultado experimental negativo contribuiu poderosamente para reforçar as críticas à teoria do éter. Todavia, foram feitas tentativas, mesmo depois que Einstein tornou pública, em 1905, a nova teoria, para conciliar a teoria de um éter imóvel com os resultados experimentais, graças a algumas novas hipóteses. Assim, não se pode reconhecer na experiência em questão uma experiência realmente *crucial*, que obrigasse a se optar por uma de duas teorias.

Da inexistência, ou pelo menos da raridade, de experiências cruciais não se concluirá necessariamente por uma doutrina epistemológica "holista" radical, ou seja, que afirme que uma teoria referente ao mundo empírico constitua uma totalidade de certo modo "plástica", de que sempre seria possível modificar *uma parte* sem rejeitá-la em seu todo, quando resultados empíricos parecem contradizê-la. Como já mencionamos no Capítulo terceiro (parágrafo II.4), um holismo extremo chega a admitir a eventualidade de um abandono do núcleo duro da lógica usual inerente a toda teoria, se, em casos particularmente graves, este for aparentemente o único meio de salvá-la. Acreditamos que se trate de um mal-entendido e que, por exemplo, a aparente incompatibilidade de uma interpretação dos fenômenos quânticos com a lógica do terceiro excluído possa ser resolvida não por uma reforma – aliás, completamente fictícia – da lógica operatória efetivamente utilizada nos raciocínios, e sim por uma refundição radical dos quadros clássicos de descrição dos objetos, a que chamamos a "categoria" do objeto.

Vemos, assim, o conhecimento científico dos fatos físicos e biológicos organizarem-se necessariamente em sistemas teóricos, estruturados graças às formas possíveis construídas pelas matemáticas, e fazerem frente aos controles renovados da experiência.

5

Ciências da Natureza e Ciências do Homem

Num dos capítulos anteriores, partimos da oposição e da complementaridade entre as matemáticas, ciências "formais", e as ciências baseadas na experiência, para examinarmos a diversidade de seus objetos e de seus métodos. Partiremos agora de uma outra oposição, no interior das próprias ciências da empiria: a oposição existente entre as ciências da natureza e as ciências dos fatos humanos, para caracterizarmos estas últimas.

Aplicar o qualificativo de "ciências" ao conhecimento dos fatos humanos será, aliás, considerado por alguns como um abuso de linguagem. É bastante claro, realmente, que os saberes sociológicos ou psicológicos, econômicos ou linguísticos não podem pretender, em seu estado presente e passado, ter a solidez e a fecundidade dos saberes físico-químicos, ou até biológicos. Em que sentido, porém, é lícito atribuir-lhes o nome de ciências?

O obstáculo fundamental está, evidentemente, na natureza dos fenômenos de comportamento humano, que carregam uma carga de *significações* que se opõem a sua transformação simples em *objetos*, ou seja, em esquemas abstratos lógica e matematicamente manipuláveis. Vêm dessa dificuldade todas as características cientificamente negativas dos fatos humanos, e em especial seus elementos de liberdade e de imprevisibilidade, assim como a estreita associação apresentada por eles entre o positivo e o normativo, entre o realizado e o desejável. Um sentimento, uma reação coletiva, um fato de língua parece que dificilmente podem reduzir-se a tais esquemas abstratos. Assim, a questão não é *reduzi-los*, e sim *representá-los*, ainda que parcialmente, em sistemas de conceitos.

I. O caso limite da história

1. Ora, este aspecto dos fatos humanos é assumido e explorado pela disciplina muito particular que é a história. Seria inaceitável recusar integrar a história sob suas diversas formas nas *ciências* humanas. Seus métodos de conhecimento, que se referem ao estabelecimento, ao controle, à interpretação dos vestígios e dos testemunhos, estão sujeitos a regras do mesmo tipo que aquelas a que se submetem as observações e as experimentações nas ciências da natureza.

Acontece que o objetivo último do conhecimento histórico não é, como no caso das ciências da natureza, formar modelos abstratos dos fatos, fatos virtuais, como observamos, cuja estrutura matemática dá lugar à confrontação de diversos possíveis e à seleção das realizações previsíveis. O historiador visa diretamente a fatos concretos que precisa descrever, de sorte que o extremo limite de sua arte seria reproduzir tão exatamente quanto possível esses fatos concretos. É por isso que o objeto histórico é sempre, de alguma maneira, um *indivíduo*, ou seja, tende a representar uma realidade singular e naturalmente determinada, num contexto único de espaço e de tempo. O ideal absoluto da história enquanto pura história seria finalmente o romance verdadeiro.

2. Mas vê-se claramente que essa figura ideal do conhecimento histórico "poiético", mesmo quando tão aprofundada quanto em Michelet, está sempre recheada de *explicações*. A história real visa não só a restituir objetos humanos

tão concretos quanto possível, mas também a inseri-los em sistemas conceituais que poderiam dar, conforme a expressão de Pascal, "a razão dos efeitos". Daí decorre a dificuldade de se traçar a fronteira entre um saber propriamente histórico e alguns saberes sociológicos, por exemplo. Em compensação, os fatos estabelecidos, senão explicados, pela história constituem, evidentemente, um dos principais materiais das outras ciências humanas.

II. Conceitualização e observação

1. Assim, é o estatuto dessas outras disciplinas que devemos examinar. Sua delimitação, como, aliás, a das ciências da natureza, não é absolutamente imutável, e a história dessas ciências nos mostra que a distribuição entre objeto político, objeto econômico e objeto psíquico individual, que corresponde aproximadamente às primeiras exposições filosófico-científicas de Aristóteles, por exemplo, foi constantemente transgredida para dar lugar a redistribuições que criaram disciplinas intermediárias ou dissociaram certas áreas: psicossociologia, sociolinguística, etnologia, antropologia etc. Não vamos comentar essa evolução da delimitação dos fatos humanos em objetos de ciência. No entanto, para fixar as ideias do leitor, proporei alguns exemplos de enunciados relacionados a uma ou outra das principais disciplinas assim divididas. Estas citações serão aqui acompanhadas do nome de um autor: primeiro sinal do caráter ainda pouco generalizável dos resultados alcançados.

a) Freud: "O resultado mais importante a que chegamos num tal prosseguimento consequente da análise é o seguinte: seja qual for o sintoma de que partimos, sempre, infalivelmente, chegamos à área da experiência sexual" (Sobre a etiologia da histeria, 1896, *Oeuvres complètes*, III, p. 157).

b) Piaget: "Sabemos que, para uma criança com menos de 7 anos (em média), o deslocamento de um bastão relativamente a outro modifica o seu comprimento, e que um todo indiviso não é equivalente à soma das partes que nele podemos introduzir" (Assimilação e conhecimento, em *Études d'épistemologie génétique*, V, 1958, p. 98).

c) Durkheim: "Assim, se as crises industriais ou financeiras aumentam os suicídios, não é porque empobreçam, já que as crises de prosperidade têm o mesmo resultado; é porque são crises, ou seja, perturbações da ordem coletiva" (*O suicídio*, 1897).

d) Walras: "Não existe montante de despesas de produção que, ele próprio determinado, determine, por conseguinte, o preço de venda dos produtos. O preço de venda dos produtos determina-se no mercado dos produtos, em razão de sua utilidade e de sua quantidade; não há outras condições a considerar; são condições necessárias e suficientes" (*Eléments d'économie pure*, 1874, parágrafo 344).

e) Keynes: "O [nível] atual do emprego pode ser corretamente descrito como sendo governado pelas previsões feitas hoje em conjunção com a atual provisão de capital" (*Théorie générale de l'emploi, de l'intérêt et de la monnaie*, 1936, p. 50).

f) Saussure: "A língua é um sistema cujas partes podem e devem, todas, ser consideradas em sua solidariedade sincrônica" (*Cours de linguistique générale*, 1916, p. 127).

g) Jakobson, Fant, Halle: "Um eslovaco percebe a vogal arredondada e relativamente aguda de *jeu* como *é*, pois seu sistema só retém a oposição grave-agudo; um russo a percebe como *o*, pois seu sistema retém apenas a oposição arredondada-não arredondada" (*Préliminaires à une analyse de la parole*, comunicação técnica nº 13 no MIT, 1952).

2. Constatamos logo de início que a maior parte desses enunciados utiliza conceitos aparentemente tomados à experiência ordinária, sem grande elaboração específica, ao contrário do caso das ciências da natureza e das matemáticas. É que os fatos em questão são inicialmente dados ao observador como pertencentes a essa vivência quotidiana, com

sua carga de significações, ou seja, remetendo a situações complexas, em ampla medida presas a circunstâncias individuais e marcadas por juízos de valor. A primeira tarefa de uma ciência é, então, se possível, despojar disso os fatos visados, *conservando-lhes, porém*, sua originalidade de fatos humanos. No primeiro exemplo tomado de Freud, esse despojamento é mínimo, já que a análise procura desvelar sob suas expressões verbais uma intimidade de início estritamente individual, para interpretá-la, é verdade, à luz de mecanismos supostamente universais, mas sem visar, ao que parece, a transpor as configurações assim reveladas em modelos abstratos destacáveis da realidade de histórias individuais. Assim, a psicanálise, mais do que uma *ciência* do psiquismo, deve ser considerada como uma *arte* interpretativa e, eventualmente, curativa.

No outro extremo da série, os exemplos econômicos e linguísticos, *e*, *f* e *h*, subentendem um despojamento mais deliberado e mais profundo dos aspectos concretos da vivência humana. O enunciado de Jakobson supõe uma dissociação da matéria sonora de uma língua em elementos fonéticos, física ou fisiologicamente definíveis, e em elementos fictícios, ou virtuais, os fonemas, que têm uma função num sistema abstrato de representação dessa matéria sonora linguística, e realizáveis por meio de sons diversamente emitidos e percebidos.

3. A observação dos fatos humanos, coletivos ou individuais, supõe, portanto, o abandono pelo menos parcial das noções imediatamente reconhecidas e expressas nas línguas usuais. Essas noções imediatas sugerem, realmente, uma "compreensão" intuitiva, sem dúvida útil e não raro suficiente para a prática, mas que bloqueia a busca de uma representação mais abstrata, única capaz de se prestar a uma visão menos particular e à dedução de fatos novos. O economista que se coloca no ponto de vista microeconômico, por exemplo, pode tomar como objeto conjuntos de atores, compradores ou vendedores, considerados independentemente de qualquer intenção, de qualquer projeto que não o

de maximizar sua satisfação final, sendo suas decisões de vender ou de comprar determinadas apenas pelo nível dos preços e dos estoques de bens que possuem. Na chamada perspectiva marginalista, a de Walras, por exemplo, supõe-se que a satisfação proporcionada por uma unidade suplementar de um bem – sua "utilidade" – diminui com a quantidade possuída ou adquirida. Entende-se que uma simplificação tão radical do mercado só possa representar os fenômenos concretos muito parcialmente, e sob condições pouco realizáveis. O que a justifica, porém, é a hipótese de que revele mecanismos fundamentais.

4. Mas essa revelação parece depender muito do gênero de explicação procurada. Para sublinhar a multiplicidade desses "tipos de inteligibilidade", enumeraremos, como exemplo, os que o sociólogo filósofo J.-M. Berthelot recentemente recenseou (*L'intelligence du social*, cap. II), e que podemos aplicar também a todas as ciências humanas. Trata-se de "esquemas" de explicação que podem, naturalmente, combinar-se e interferir numa mesma representação.

a) O esquema causal. Supõe-se, então, uma dependência entre o fenômeno A que explicaria o fenômeno B, tal que suas variações são concomitantes e que não se pode ter B sem A. A explicação dada por Durkheim ao suicídio é essencialmente deste tipo. O sociólogo empenhava-se em afastar as causas aparentes (a hereditariedade, a imitação), para mostrar a correlação efetiva do suicídio e do relaxamento dos laços sociais do suicida.

b) O esquema "funcional", em que o adjetivo funcional remete à ideia do *funcionamento* de um organismo, ou até de uma máquina. As condições de funcionamento contribuem para manter o estado e o regime de marcha de um sistema. A análise apega-se, então, às relações entre o todo e as partes, descreve condições de estabilidade e descobre elementos estratégicos que permitem modificar esses equilíbrios. A teoria econômica mercantilista, no início do século XVII, descreve nesta perspectiva o funcionamento das economias nacionais, e toma como variável estratégica a massa monetária acumulada num país. Vê-se que, nesse caso, o conhecimento dos fatos é fundamentalmente orientado para a prática, com vistas à potência de um Estado.

c) O esquema "estrutural". O exemplo mais claro a este respeito é dado, na linguística, pela construção de sistemas de oposições e de correlações entre os representantes abstratos e ideais de sons de uma língua, os fonemas. Tais sistemas são, em princípio, finitos e fechados, e as relações de seus elementos não são codeterminações causais. Por exemplo, os fonemas vocálicos do francês formam um sistema distribuído segundo várias dimensões, como a abertura (ê de *fête*, aberto, é de *blé*, fechado), o arredondamento (i de *tri*, não arredondado, û de *flûte*, arredondado). As modificações de um tal quadro ocorridas ao longo da história de uma língua podem, então, ser entendidas não como mudanças individuais, e sim como uma reestruturação global do sistema. O exemplo etnológico célebre de uma descrição desse tipo é o dos sistemas de parentesco de Lévi-Strauss, apresentados como uma álgebra muito abstrata que se traduz em relações sociais concretas.

d) O esquema hermenêutico, cujo protótipo é tomado, desta vez, da linguística saussuriana, mas que aparecia nas formas mais primitivas da explicação dos fenômenos, tanto naturais como humanos. Consiste em postular que às aparências correspondam realidades mais profundas, que constituem seu *sentido*. No moderno pensamento dos fatos humanos, este esquema consiste, mais sobriamente, em supor que os fatos signifiquem e que a ciência deve explicitar essas significações. A psicanálise, enquanto se pretende doutrina de conhecimento, fundamenta-se neste esquema. Como também certos aspectos das explicações marxistas dos fatos econômicos e sociais.

e) O esquema "actancial". O fenômeno a explicar é, então, pensado como resultado do comportamento de *atores* individuais ou coletivos, considerados como tendo intenções e se submetendo a regras. Talvez o protótipo disto seja a teoria econômica marginalista indicada anteriormente.

f) O esquema dialético, por fim, que proporia como explicação a resolução efetiva de contradições internas descobertas na realidade humana individual ou coletiva. Mas uma tal "explicação" não raro reduziu-se a *constatar depois do fato consumado* o resultado de certos conflitos, sem de modo algum fornecer os meios de prever seus desenlaces.

Desse inventário proposto por J.-M. Berthelot, que poderia, sem dúvida, ser estendido, tiraremos várias conclusões sumárias. Em primeiro lugar, constatamos o uso feito em vários esquemas de noções elementares tomadas das ciências da natureza, ou até de noções intuitivas tiradas de uma experiência imediata pouco analisada. Tiramos daí a impressão de uma conceitualização de nível bastante baixo. Em segundo lugar, a pluralidade dos tipos de explicação sugere uma falta de segurança e talvez até certa arbitrariedade. Mas há que se reconhecer, por outro lado, que essa pluralidade de tipos de explicação deve, sem dúvida, ser aceita como decorrente da própria natureza dos fatos humanos; há que se admitir que o conhecimento científico desses fatos só pode ter bom êxito pela conjunção de vários esquemas, cujo modo de superposição e de encadeamento deve ser definido em cada caso especial.

III. O emprego das matemáticas

1. Essa fraqueza de conceitualização e essa multiplicidade de pontos de vista de explicação distinguem visivelmente das ciências da natureza as tentativas de conhecimento científico dos fatos humanos. Vimos que as estruturas matemáticas desempenham um papel determinante na formação dos conceitos das ciências da natureza. Que papel desempenham, então, as matemáticas nas ciências do homem? Três aspectos essenciais devem ser considerados: o problema da medida das grandezas nas ciências humanas, que, evidentemente, condicionará certas aplicações das matemáticas; o papel desempenhado pela estatística; a estruturação matemática dos modelos.

2. Definir grandezas mensuráveis supõe que estejam reunidas certas condições. Fazer corresponderem fatos humanos e números só tem realmente sentido se puder ser estabelecido um sistema de operações referente a esses fatos, com a mesma organização formal que o sistema de números considerado.

É preciso dar um sentido experimental preciso à operação que corresponderá à *soma algébrica* das grandezas atribuídas aos dados empíricos, como as reações a estímulos sensoriais. De modo mais elementar, será preciso dar um sentido empírico ao balizamento dos graus de intensidade de um dado e à comparação de suas diferenças. Na psicologia das sensações, foi sob esta última forma que de início se colocou explicitamente o problema da medida. Quando E. H. Weber, físico, e G. T. Fechner, primeiro médico, depois filósofo, enunciaram sua famosa lei: "a sensação varia como o logaritmo da excitação", foi preciso que Fechner introduzisse (1860) a noção de limiares de percepção e precisasse várias técnicas que definissem seu balizamento na empiria. Observemos que, como os valores absolutos raramente têm, aqui, um sentido empírico, o problema geral é determinar de tal maneira uma correspondência com números, que ela conserve seu sentido para transformações lineares e afins.*

Outro aspecto da dificuldade aparece nas ciências sociais, quando se trata de quantificar noções coletivas: nível dos preços, nível de poder de compra num grupo social, intensidade das opiniões... A observação dos dados numéricos é imediata nos primeiros casos, por exemplo, mas eles se relacionam a comportamentos individuais. Portanto, é preciso, a partir deles, *construir* grandezas "agregadas", índices. O economista propõe, então, propriedades formais a que julga que esses índices devem satisfazer. Por exemplo, a forma das relações supostas por uma teoria, ou constatadas empiricamente, entre grandezas individuais deve ser conservada entre as grandezas agregadas. As médias complexas de grandezas individuais retidas como representando os índices serão inventadas de tal maneira que satisfaçam convenientemente essas propriedades.

3. Num caso como esse, o tratamento dos dados faz intervir a estatística. Não retomaremos o que foi dito acerca das ciências da natureza. Acrescentarei apenas duas observações específicas.

Em primeiro lugar, levar em consideração as médias e as frequências relativas corresponde, nas ciências do homem, à hipótese de que os comportamentos individuais sejam *variantes que oscilam em torno de tipos por assim dizer "normais"* de comportamento, que os tratamentos estatísticos poderiam isolar e pôr à prova. Trata-se, com certeza, de uma hipótese ousada, mas essencial para um conhecimento científico possível dos fatos humanos. Ela diz respeito a uma concepção do sentido e da amplitude do que sentimos individualmente como fantasia e livre-arbítrio. Mas não dispomos de razões decisivas para estendê-lo indiferentemente a toda espécie de comportamentos, em particular no caso em que o contexto é, na prática, infinitamente complexo, ou seja, em que os fatos são apreendidos afinal como históricos.

Nossa segunda observação prolonga a primeira. Ela diz respeito à relação entre as ciências humanas e as situações individuais. Enquanto um conhecimento científico dos fatos humanos não é de natureza *clínica* e, por conseguinte, próximo de uma arte, não podemos lhe exigir que se aplique ao individual, nem argumentar com seus insucessos na matéria para duvidarmos de seu valor.

4. Mas o emprego mais significativo das matemáticas nas ciências do homem é a sua contribuição para a construção de modelos. Nos modelos que subjazem às verdadeiras teorias explicativas, como os grandes modelos da economia matemática ou certos modelos de comportamento individual ou social, os conceitos matemáticos servem essencialmente para dois fins: formular de maneira precisa *axiomas* ou hipóteses fundamentais, ou representar adequadamente a suposta estrutura dos fenômenos.

Exemplos claros da primeira função ocorrem na economia política marginalista, quando são postuladas propriedades formais das relações que devem unir variáveis: sua continuidade ou seu crescimento, por exemplo; ou, em representações contemporâneas mais elaboradas, como a de G. Debreu (*Théorie de la valeur*, trad. francesa, 2. ed., Dunod, 1984), propriedades topológicas muito mais refinadas, que não se traduzem diretamente na empiria. Ou ainda, em representações mais gerais de situações de formação de opiniões coletivas, como a de Arrow (1951), a matemática estabelece as *condições formais da impossibilidade* de certas coalizões de opiniões ou de interesses.

Vamos deter-nos por mais tempo na segunda função, e nos perguntaremos a seu respeito *quais* matemáticas são, então, utilizadas. Distinguiremos três espécies delas, significativamente distintas. Embora muitas vezes presentes num mesmo modelo, elas oferecem às diversas ciências do homem formas conceituais diferentes e complementares.

a) A análise infinitesimal, introduzida sobretudo, no começo, pela Economia Política marginalista, com St. Jevons (1871), L. Walras (1873), e explorada com mestria por Pareto (1896), A. Marshall (1890) e pela maior parte dos seus sucessores economistas. Sobre este ponto, as ciências do homem fazem pouco mais do que herdar a experiência adquirida desde o século XVII nas ciências da natureza; a dificuldade nova, porém, para cada situação empírica, está na identificação dos conceitos, como o de diferencial e de derivada parcial...

b) Matemáticas "qualitativas", que não utilizam medidas de grandezas. As relações entre as variáveis são, neste caso, relações múltiplas, cujo conjunto forma uma estrutura que o matemático investiga, demonstrando suas propriedades formais. Um dos casos mais frequentemente utilizados, em tempos recentes, por certas ciências humanas é a estrutura de *grafo*. Um *grafo*, geralmente representável por meio de um desenho plano ou tridimensional, é um conjunto de objetos (os "vértices") postos, parcial ou completamente, em correspondência dois a dois. Os pares de vértices assim unidos são os "arcos" do *grafo*. Compreende-se que tais figurações abstratas possam representar fenômenos humanos, como, por exemplo, relações de parentesco, relações hierárquicas e os eventuais estados sucessivos de um sistema.

c) Matemáticas da *probabilidade*, esta tomada, porém, num sentido diferente do empregado nos métodos estatísticos. Trata-se da teoria dos jogos e dos "programas lineares". A teoria dos "jogos de estratégia", introduzida (1942) por um matemático (J. von Neumann) e um economista (O. Morgenstern), propõe modelos abstratos de comportamento de jogo ou de conflito, nos quais cada um dos protagonistas tem várias táticas conhecidas, sendo os ganhos de cada um, resultantes da conjunção das táticas dos adversários, também conhecidos por todos, apesar de cada jogador ignorar, evidentemente, a cada lance, a tática que vai ser adotada por seu adversário.

Uma solução, ou ponto de equilíbrio do jogo, é alcançada quando as táticas dos protagonistas garantem a cada um o que ele pode esperar de melhor, com certeza: o máximo de seu ganho mínimo possível (e para o adversário, dualmente, o mínimo de sua perda máxima possível). Um tal ponto de equilíbrio nem sempre existe, se os protagonistas escolherem definitivamente uma tática em resposta à tática adversária. Mas a propriedade matemática fundamental é que um tal ponto de equilíbrio pode sempre ser alcançado se, pelo contrário, os adversários repartirem as escolhas de suas táticas conforme probabilidades que a teoria permita calcular; vemos que a probabilidade, então, já não é interpretada como uma estatística enquanto propriedade estática do objeto a descrever, e sim enquanto propriedade dinâmica de um comportamento dos sujeitos. Partindo do caso simples do duelo de soma zero (o que um dos dois jogadores ganha, o outro perde), o matemático enriqueceu consideravelmente a sua teoria, que, tornado-se muito complexa e compreendendo, por exemplo, os efeitos de coalizão entre jogadores, permite representar situações cada vez mais concretas em diversas áreas da economia e da sociologia.

No que se refere à estrutura de "programa linear", limitar-me-ei a observar que ela é dual da do jogo e utiliza as mesmas matemáticas.

O recenseamento das espécies de matemáticas aqui proposto não pretende, evidentemente, ser exaustivo. Ele apenas mostra, no que concerne às duas últimas espécies, que as ciências humanas parecem ter tendido para formas originais de matematização e podem ser, como as ciências da natureza, uma fonte de sugestões para as matemáticas, que em seguida desenvolvem para si mesmas, como formas abstratas, suas próprias teorias.

IV. A validação dos enunciados

1. Na medida em que as ciências humanas têm realmente, ainda que num sentido muito fraco, a mesma visão que as ciências da natureza, elas se deparam com os mesmos problemas de validação de seus enunciados. Limitar-nos-emos, portanto, a examinar brevemente apenas os aspectos específicos desses problemas. Ora, o aspecto radicalmente original de um conhecimento dos fatos humanos que se pretenda científico está vinculado a sua relação privilegiada com a história. Que dizer, portanto, do caso limite da validação de um conhecimento histórico?

Dois aspectos devem, então, ser considerados. Por um lado, o estabelecimento dos fatos pelo controle dos vestígios materiais e dos testemunhos. Tem-se lembrado que algumas técnicas, chamadas ciências auxiliares da história, dão a essa verificação um aspecto científico. Todavia, não podem passar em silêncio as dificuldades particulares levantadas pelos *testemunhos*, sejam eles de pessoas ainda vivas ou de documentos escritos ou figurados. Nada disso aparece no caso das ciências da natureza. Por outro lado, a validação das *explicações* históricas, ou seja, do sistema de conceitos proposto para revelar o encadeamento dos acontecimentos considerados. Não é evidentemente possível recorrer, neste caso, à observação repetida de fenômenos idênticos (ou mesmo simplesmente idênticos *modulo* das condições precisas de observação). No máximo, poder-se-á tentar aplicar a explicação em questão à explicação dos acontecimentos considerados comparáveis, encarados, portanto, como representativos de uma classe de acontecimentos, apesar da singularidade irredutível que é, justamente, própria de sua historicidade. Além disso, essa validação fraca só conserva seu sentido se tivermos o cuidado de distinguir a explicação histórica de uma interpretação *ideológica* ou *filosófica*, já que a primeira se furta de fato, dogmaticamente, a toda validação, e a segunda não propõe uma explicação de fatos, e sim busca-lhes uma significação, situando-os numa totalidade imaginada.

2. Quanto aos enunciados das ciências humanas que não a história, reencontramos, porém, os dois aspectos indicados, com um predomínio mais ou menos acentuado de um ou de outro. No caso de enunciados que acentuem principalmente o estabelecimento de fatos (como o exemplo *b* de Piaget, p. 87), o modo de validação mais convincente parece ser, como para as ciências da natureza, a validação estatística, com as mesmas exigências e as mesmas limitações. Todavia, o próprio Piaget aqui citado raramente recorreu a verdadeiras validações estatísticas.

3. Quando predomina o conteúdo teórico (como nos enunciados *a, d, e, f, g* do parágrafo II.1), a questão da validação apresenta as mesmas dificuldades e as mesmas limitações que no caso das ciências da natureza, mas consideravelmente maiores, em razão de uma dupla circunstância, já indicada várias vezes. Em primeiro lugar, a formação dos conceitos cujo sistema constitui a teoria se depara com a tentação do puro e simples decalque das noções ingênuas, imediatas, por meio das quais nós *fixamos* nossa apreensão dos fatos na prática da vida. Em segundo lugar, uma teoria acerca dos fatos humanos está constantemente ameaçada, se não tomarmos cuidado com isso, de se transformar numa

ideologia, substituindo os conceitos pelos mitos e as descrições pelas prescrições.

É a capacidade de previsão uma condição necessária (e suficiente) da validação de uma teoria? Dissemos que, de um modo geral, um conhecimento científico trata de fatos *virtuais*, incompletamente determinados na empiria, e que a previsão, que trata de fatos atuais, podia comportar, em graus diversos, alguma incerteza, sem porém invalidar uma teoria. No caso dos fatos humanos, o *contexto histórico* em que se encontra necessariamente mergulhado todo fato virtual que os represente torna ainda mais indeterminada a sua previsão. Prever, com base em uma teoria do câmbio, que a cotação do dólar vai baixar em uma certa proporção em determinada data muito próxima já é um êxito bastante raro. Prever uma crise econômica (definida, por exemplo, como derrocada dos preços, queda da produção e dos lucros, desemprego) com antecipação de alguns meses, valendo-se de uma teoria geral macroeconômica do investimento, dos preços, da moeda ou, mais empiricamente, de uma simulação com modelos econométricos, é uma façanha fora do alcance dos economistas, como eles próprios repetidamente demonstraram. Sem dúvida, podemos censurar os cientistas das diversas áreas dos fatos humanos por se calarem sobre seus fracassos de previsão e por preferirem explicar, depois do fato consumado, o *que poderiam ter sido* as suas previsões. Em compensação, é justo sublinhar o obstáculo intrínseco que, nessas áreas, sempre opõe a uma predição do singular o desvio, por assim dizer, institucional, irredutível, entre os fatos virtuais da ciência e os fatos atuais historicamente realizados. É lícito, também, esperar que, como aconteceu com as ciências da natureza, apesar desse obstáculo radical, a representação dos fatos virtuais se torne cada vez menos inadequada.

4. Resta ao filósofo perguntar-se *o que significa* esse desvio, esse acaso histórico. Duas concepções parecem-me possíveis. Uma o considera como expressão pura e simples da imprevisibilidade dos livres-arbítrios individuais. Trata-se,

do ponto de vista epistemológico, de uma recusa categórica, que nos remete à questão metafísica do sentido mesmo do livre-arbítrio, que não nos cabe debater agora. O outro, situando-se aquém do plano metafísico, sem necessariamente desconhecer a sua importância final, gostaria de propor uma resposta situada no próprio plano do conhecimento objetivo do mundo. Ela atribuiria a imprevisibilidade à *complexidade* dos fatores em jogo. Poderíamos, então, encontrar situações *análogas* no próprio universo físico, por exemplo, na meteorologia. O conhecimento teórico suposto das principais determinações aerodinâmicas e termodinâmicas dos estados da atmosfera não permite que deles se deduzam consequências atuais, num sistema em que as relações são matematicamente complexas demais, e as condições iniciais, numerosas e desconhecidas demais. A dificuldade é, então, superada praticamente, em certa medida, pela *simulação*, que se tornou possível graças à potência de cálculo das máquinas atuais; ela é abordada teoricamente, e talvez possa ver-se parcialmente dominada, pelo conceito matemático de situações "caóticas", de que uma das características essenciais é que uma perturbação muito pequena das condições iniciais produz regimes de evolução que se afastam grosseiramente do regime inicial mente previsível.

Sem que possamos garantir qualquer coisa, é lícito perguntar-nos se o desenvolvimento matemático de tais teorias, por um lado, e progressos decisivos de uma conceitualização dos fatos, que tornem mais eficazes as simulações e os cálculos, por outro, não poderiam contribuir para tornar as ciências humanas mais capazes de explicar e de prever.

6

A Evolução das Verdades Científicas

A ciência propõe-nos enunciados verificáveis, mas não verdades imutáveis, já que existe uma história das ciências ao longo da qual boa parte desses enunciados se modificou ou foi substituída. Como se deve interpretar essa evolução das ciências, e que sentido dar ao caráter de verdade provisória e relativa dos conhecimentos por ela formulados? Existe aí um aparente paradoxo, já que teorias científicas que permaneceram por muito tempo satisfatórias e férteis são substituídas por outras novas. E estas teorias novas são melhores em quê? Como escrevia antigamente um filósofo e historiador das ciências: "As teorias científicas morrem assassinadas". Para terminarmos, portanto, devemos tentar compreender o significado do progresso científico.

I. Continuidade e descontinuidade da história das ciências

1. Começaremos discutindo brevemente uma tese provocadora, recentemente aventada por Feyerabend (*Contra o método*, 1979), de quem já apresentamos e combatemos o "anarquismo metodológico" acerca da multiplicidade dos métodos (Capítulo terceiro, parágrafo I.1). Paul Feyerabend afirma que as teorias que se sucedem são "incomensuráveis",

incomunicáveis entre si, intraduzíveis uma na outra. Chega a acontecer, segundo ele, que elas se contradigam: assim, a massa, na mecânica clássica, é constante, ao passo que na mecânica relativista ela varia juntamente com a velocidade dos corpos maciços em movimento. É claro que afirmar essa incomensurabilidade é alterar profundamente o sentido do progresso científico, ou antes substituí-lo pela ideia de uma descontinuidade radical, de uma espécie de caminhada cega do pensamento científico. Não só as teorias novas não se gerariam no prolongamento das antigas, mas ainda a impossibilidade de uma comparação tiraria toda significação da própria noção de progresso. É verdade que Feyerabend, depois de discussões e de críticas, atenuou um pouco a sua tese, reconhecendo em 1981 (*Philosophical papers*, v. 1, p. XI) que a incomensurabilidade "não leva a uma completa disjunção" das teorias.

2. Convém precisar, para refutar a incomensurabilidade e compreender o progresso das ciências, o sentido da descontinuidade que se manifesta de fato na sucessão das teorias científicas, e distinguir, na história das ciências, duas espécies de descontinuidade. Chamaremos de *externa* a primeira delas. Consiste ela no hiato radical que aparece quando uma disciplina toma a forma de uma ciência no sentido que tentamos apreender no Capítulo terceiro. Trata-se, então, de uma mutação profunda. Saberes dispersos e inverificáveis, ou mal verificáveis, cedem bruscamente lugar a um saber relativamente unificado em sua visão, na forma dos problemas que coloca, em seus procedimentos, em suas regras de verificação. É essa transformação global do sentido do conhecimento, essa espécie de "*big bang*" epistemológico que dá lugar ao que poderíamos chamar, depois de Kuhn, um "paradigma" de ciência (*As revoluções científicas*, 1962). Mas recusaríamos em vários pontos a descrição que ele faz do paradigma:

a) Kuhn considera como paradigmas distintos formas sucessivas de pensamento e de práticas científicas que nos parecem pertencer a um mesmo modelo fundamental de conhecimento, adquirido justamente quando da cesura radical que acabamos de citar. O sentido dessas *variantes internas*, que qualificaremos preferencialmente como subparadigmas, será examinado mais adiante.

b) Kuhn insiste demais no caráter coercitivo extrínseco da forma "oficial" de uma ciência descrita por ele como clássica, ou em equilíbrio. Se as forças institucionais (o corpo de cientistas, as revistas científicas, as Academias), que tendem realmente a manter fixo o tipo de questões, o tipo de respostas, o tipo de procedimentos de uma ciência, certamente desempenham um papel nas circunstâncias e no ritmo de desenvolvimento de sua história, é, porém, um apelo à *coerência interna* que determina mais profundamente a unidade do paradigma.

Para mostrar corretamente o alcance desta noção, acho que seria preciso observar que ela só se aplica posteriormente ao aparecimento do sentido moderno da ciência, o único a merecer plenamente o nome de paradigma. No caso exemplar da teoria dos movimentos, da mecânica, cuja mutação do primeiro terço do século XVII podemos datar com bastante exatidão, vemos que o período protocientífico se caracteriza pela ausência de um paradigma ou, se quisermos, pela multiplicidade dos pseudoparadigmas, sem uma verdadeira possibilidade de intercomunicação, sem uma determinação bastante precisa do tipo de problemas pertencentes à sua ciência, nem do tipo de procedimentos que é preciso aplicar a eles. Realmente, tais pseudoparadigmas dependem muito intimamente de coerções externas: senão de pressões sociais, políticas e materiais, pelo menos de determinações ideológicas e religiosas. Assim, seria oportuno reconhecer, opondo-se a esses pseudoparadigmas como um verdadeiro paradigma, um paradigma único para cada disciplina científica, resultado de sua mutação, distinto também dos subparadigmas posteriormente desenvolvidos ao longo de sua evolução, sem que sejam realmente alteradas as condições determinantes de sua cientificidade. O traço fundamental da instauração do paradigma apareceria, então, como o reconhecimento suficientemente preciso e operatório do *objeto*, esquema abstrato e virtual cujas propriedades e leis a ciência em questão procurará daí em diante determinar. Já expusemos sucintamente esse processo no caso da fundação galileana de uma mecânica, no Capítulo quarto (parágrafo III.2).

c) Observemos, em primeiro lugar, que a mutação epistemológica não ocorre, de modo algum, ao mesmo tempo nos diferentes domínios do saber, e que ela depende a um só tempo do estado das sociedades e da natureza conceitual desse saber. Por exemplo, não seríamos capazes de descobrir, sem dúvida por falta de documentos antigos o bastante, na história das matemáticas no mundo ocidental antigo, o rastro de um período realmente protocientífico, a menos que consideremos pertencentes a ele os textos egípcios e babilônios que chegaram até nós. Mas o que sabemos de Pitágoras e de Tales já atesta uma matemática exatamente no sentido em que a entendemos hoje. Em compensação, podemos ficar perplexos quanto à data passada ou futura da mutação da maior parte das ciências humanas.

Podemos, também, perguntar-nos como se efetuam essas revoluções. É totalmente inegável que o surgimento, numa época dada, da determinação enfim eficaz de um *objeto* de ciência não se realiza a partir de um nada de saber. Que papel desempenham aí os conhecimentos anteriores ainda não unificados que, porém, se relacionam com a mesma área?

A este respeito, pôde-se ressaltar (Holton) o papel dinâmico de noções muito gerais, chamadas "temas" (ideia do atomismo da matéria, ideia vaga de força), que, efetivamente, passam das protociências à ciência. Mas é preciso observar que essa passagem só é eficaz quando os temas são reformulados como conceitos autenticamente científicos e, no mais das vezes, matematizados. Compreende-se, também, que a nova concepção do "objeto movimento" aparece essencialmente como nascida de uma ruptura, de uma refundição global que assinala a passagem das protociências a uma ciência. As doutrinas protocientíficas são, então, intraduzíveis, rigorosamente falando, na teoria nova, e reciprocamente. Seus conceitos se situam, em geral, em planos diferentes dos da nova mecânica. É nesta perspectiva da relação protociência e ciência que a tese da incomensurabilidade ganha sentido, sentido este que ela não tem quando consideramos as relações mútuas do que chamamos subparadigmas, produtos de descontinuidades *internas* posteriores à formação do paradigma comum a todo pensamento científico de um mesmo tipo de objeto.

II. As descontinuidades internas da história das ciências

1. Assim chamamos as diferenças que ocorrem no interior de uma mesma visão objetiva de um campo de fatos durante o progresso da ciência, a sucessão das teorias. Sem dúvida, essas sucessões são, no mais das vezes, renovações radicais que manifestam descontinuidades evidentes.

Prolongando o exame do exemplo da mecânica, vemos que a mecânica da relatividade restrita está em ruptura com a mecânica newtoniana clássica, e isto não apenas em pontos isolados. O referencial de espaço e de tempo, que serve, digamos, de decoração de fundo para uma mecânica, é fundamentalmente modificado, com os procedimentos de medida dos espaços e dos tempos passando a depender, então, do movimento relativo do observador e do observado. A velocidade de propagação do fenômeno luminoso torna-se, em compensação, uma constante universal absoluta. Todas as demais modificações do sentido operatório dos conceitos físicos decorrem dessa mudança do quadro da descrição dos fenômenos: variação da massa com a velocidade, equivalência da massa e da energia, relatividade do caráter magnético ou elétrico de um campo tornado único. Entretanto, a preocupação com a descrição e a explicação dos fenômenos, a exigência de coerência dedutiva e de controle experimental não mudaram.

2. Assim, uma inter-relação é possível. Sem dúvida, o sistema como um todo mudou de estrutura, mas o sistema antigo aparece, então, como identificável a uma parte diminuída do novo sistema, em que seriam neutralizados termos que funcionam como *parâmetros* característicos.

No presente caso, trata-se da velocidade da luz; se seu valor finito, mas imenso, for considerado infinito relativamente às velocidades dos observadores e dos móveis, e seu inverso, que entra nas fórmulas de determinação das medidas de tempo e de espaço, for considerado zero, a mecânica relativista assim reduzida será identificável à mecânica clássica. Por outro lado, a nova teoria conservou os conceitos da antiga, que passaram a desempenhar funções análogas no sistema, uma vez reduzido. No novo sistema, porém, os conceitos antigos podem revelar funções novas e, assim, exfoliar-se em vários níveis; a massa dissocia-se em massa cinética variável com a velocidade do móvel e massa em repouso, equivalente a uma pura energia, equivalência esta cujo mistério começará a se esclarecer com uma teoria atômica da matéria. Embora a tradução, a passagem da teoria antiga para a nova, apareça de fato como uma mutação, através da transposição *global* dos sistemas ela não dá, de modo algum, lugar a contradições reais, pois a teoria nova permite *explicar* as limitações, as lacunas e também os êxitos da antiga, numa área de fenômenos delimitada pela nova teoria. A relatividade restrita dá conta da grande precisão permitida pelo emprego da mera balística newtoniana no lançamento de satélites, assim como explica a inadequação da dinâmica clássica para descrever a balística das partículas atômicas em grande velocidade. Finalmente, dentro do grande paradigma científico do pensamento objetivo, a descida em direção à experiência das diversas teorias sucessivas sempre é possível, necessária e coroada de êxito, dentro dos limites das aproximações autorizadas pela conceitualização dos fatos "virtuais" em cada teoria. Geralmente, aliás, a teoria posterior está em condições de fazer compreender e assinalar os limites de aproximação da anterior.

3. O quadro assim esboçado deve, porém, ser interpretado como um ideal a atingir e só algumas vezes alcançado. A história das ciências mostra-nos, com efeito, *conflitos* entre teorias concomitantes, como, por exemplo, a concorrência, nascida no século XVIII e ainda muito viva no século XIX, entre uma teoria corpuscular e uma teoria ondulatória da luz. Ambas explicam em parte os mesmos fenômenos, mas cada uma deixa à outra a explicação de certos fatos que representa mal. O mesmo ocorre num caso menos vistoso, em que a teoria de Faraday a respeito dos fenômenos eletromagnéticos (ações por contato) e a teoria de Ampère (ações à distância) se opõem, mas relacionam-se com os mesmos efeitos e com as mesmas leis das cargas e correntes elétricas. Parece que, em cada um dos casos que o historiador encontre, a oposição incide essencialmente no *modo de representação* dos fenômenos, mas os enunciados de suas leis, sob forma matemática, permanecem em correspondência. Uma tal divergência certamente é profunda, pois diz respeito, afinal, à escolha de um quadro de descrição, de um referencial. Mas a evolução da ciência até o presente mostrou que essas escolhas, quando desenvolvidas de maneira coerente, aparecem não como grosseiramente errôneas, e sim como pontos de vista parciais, nos dois sentidos da palavra, e que uma teoria posterior dá conta da pluralidade desses pontos de vista possíveis e fornece as regras de intertradução e de complementaridade. É o caso, por exemplo, da oposição corpuscular – oscilatória, resolvida pela mecânica ondulatória de de Broglie e depois, num sentido aparentemente mais amplo e mais profundo, pela chamada teoria dos quanta de Copenhague. Não deixaremos de assinalar, porém, que tais "soluções", embora realmente dissolvam a aporia das teorias concorrentes anteriores, suscitam outras dificuldades: a teoria dos quanta continua cheia de mistérios. É que a evolução e o progresso de uma ciência é tanto um encadeamento de *problemas* bem-postos como uma sequência de *soluções*.

III. A ideia de progresso científico

1. Porém, uma tal sequência tem realmente o sentido global de um progresso, não há dúvida, e é mesmo a evolução da ciência a única que permite dar à palavra progresso um significado não equívoco. Convém precisá-lo, agora. De um modo muito geral, o progresso científico é assinalado por uma *extensão* de um campo de conhecimento, por uma *precisão* maior e por uma melhor *compreensão*.

A primeira característica é muito fácil de entender. Na fisiologia, por exemplo, a extensão do conhecimento à área de funcionamento dos hormônios constitui, evidentemente, um progresso. Conhecidos no final do século XIX por ocasião dos estudos das glândulas endócrinas (Claude Bernard, 1813-1878; Brown-Séquart, 1871-1914; Pierre Marie, 1853-1940), a descoberta de sua estrutura química, de seu papel de mensageiros, de sua interação com o sistema nervoso (H. Dale, 1936) foi progressivamente abrindo novos campos de pesquisa, para não falarmos de suas aplicações médicas.

O aumento da precisão na descrição e na previsão dos fenômenos pode estar ligado a um aperfeiçoamento dos instrumentos, mas também a uma melhora dos instrumentos teóricos utilizados para descrever, formular leis e predizer. O aperfeiçoamento dos telescópios e do instrumental de observação dos objetos celestes com certeza contribuiu poderosamente para o desenvolvimento da astronomia e permitiu o advento da astrofísica. Por outro lado, como já indicamos, foi o novo instrumental conceitual da Relatividade Geral que permitiu calcular com maior precisão a precessão do periélio de Mercúrio (Capítulo quarto, parágrafo V.4).

Este último exemplo, porém, depende principalmente do terceiro traço indicado: a melhora de nossa compreensão dos fenômenos. Compreender significa, no sentido como o entendemos aqui, *integrar um fato ou uma lei num sistema de conceitos em que eles apareçam como resultando desse sistema*; mais geralmente, é mergulhar uma teoria numa teoria mais ampla (mais "compreensiva"), da qual ela se torna, então, um caso particular, como vimos a respeito de uma tradução possível da mecânica newtoniana na mecânica einsteiniana. Evidentemente, no interior do paradigma de pensamento científico em que nos encontramos, uma melhor compreensão só pode ser obtida pela invenção e pela organização de novos *conceitos*, e não recorrendo a imagens, a impressões subjetivas ou a mitos globalizantes. Este é, também, um dos pontos em que se manifesta a ruptura radical com o pensamento protocientífico, que eventualmente se conformava muito bem com uma reinterpretação "explicativa" desse tipo. Encontram-se exemplos neste sentido na história da alquimia. Devemos também lembrar aqui a distinção, sublinhada por nós no Capítulo segundo, entre o conhecimento científico e os saberes técnicos. Pois um progresso técnico, embora ofereça uma melhor capacidade de intervenção ou até de predição, em geral não se traduz por uma melhor explicação dos fenômenos que permite manipular.

2. A caracterização do progresso científico assim proposta nos leva a procurar na história das ciências as modalidades mais gerais segundo as quais se produziu ou, se preferirmos, as espécies sob as quais ele se realizou. Distinguirei três delas, que me parecem corresponder às formas principais da descontinuidade interna do devir científico. Enumerá-las-ei de acordo com sua ordem de profundidade na renovação do saber.

A primeira, a menos intrinsecamente ligada à evolução autônoma dos conceitos científicos, é a descoberta de *fatos* novos. Na área das ciências da empiria, uma tal descoberta pode depender, pelo menos em parte, do acaso; no mais das vezes, porém, ela é consequência do uso de um instrumento novo. Galileu, apontando sua luneta para a Lua, descobriu sua superfície irregular, e daí em diante os astros terão lugar no universo da materialidade e da mudança; apontando-a para Júpiter, viu os quatro satélites, que chamou de medicianos. Há de se observar, por um lado, que essas descobertas, mesmo se consideradas fortuitas, sempre se realizam num contexto de pesquisa, que supõe orientações mais ou menos explícitas das conjecturas e das interrogações por parte do descobridor. Por outro lado, elas se realizam também nas matemáticas.

Não voltaremos ao fato já citado da descoberta, feita pelos algebristas italianos, da existência de raízes (reais e até positivas) de equações do terceiro grau, quando seu cálculo pela fórmula de Cardan exigiria uma operação impossível. Lembremo-nos apenas um outro exemplo célebre. Cantor, tendo partido da evidência primitiva de que os pontos de um quadrado – de dimensão 2 – não poderiam ser postos em correspondência biunívoca com os pontos de um de seus lados – de dimensão 1 –, descobre um método que consegue realizar essa aplicação paradoxal. Ele escreve então a Dedekind: "Enquanto eu não tiver seu assentimento, só posso dizer: [em francês no original alemão] *je le vois mais je ne le crois pas* (estou vendo, mas não acredito)" (carta de 29 de junho de 1877, em Cavaillès, *Briefwechsel Cantor-Dedekind*, Paris, 1937).

Mas a descoberta de um fato novo, empírico ou matemático, só em dois casos constitui um progresso. Um, quando confirma uma teoria anterior, construída antes do conhecimento do fato; dois, quando realmente abre caminho para a busca de uma explicação, que pode, aliás, ser alcançada só muito mais tarde.

A segunda espécie de descontinuidade que marca um progresso científico é a invenção de uma *ferramenta* nova, material ou conceitual, de uma técnica nova de conhecimento. É raro que uma tal descoberta tenha o caráter historicamente pontual da descoberta de um fato. No mais das vezes, ela é preparada por erros diversos, de que participam vários cientistas. Um exemplo clássico disso é fornecido pela invenção do cálculo infinitesimal, já preparado anteriormente, mas que se concretiza no final do século XVII, com os trabalhos decisivos do milanês Cavalieri (1635), do francês Pascal (1654-1659), do saxão Leibniz (1675) e do inglês Newton (1681-1704). Instrumento matemático novo, cujas aplicações feitas por Leibniz e por Newton, e depois por seus discípulos na Inglaterra, na Alemanha e na França, abrem um imenso campo não só para as matemáticas, mas também para a mecânica e, mais geralmente, para a física. Progresso ao mesmo tempo de extensão e de compreensão, de consequências extraordinárias. Poderíamos, é claro, citar também, na ordem das invenções de instrumentos materiais, a luneta, cujo emprego feito por Galileu acabamos de mencionar, o microscópio (início do século XVII) e os aceleradores de partículas (ciclotron, 1934).

A última modalidade do progresso a que gostaria de me referir é a descoberta do que já chamei de "categorias", no sentido de conceitos fundamentais *que determinam um tipo mesmo* de objeto científico. Vimos que a cesura que faz passar dos saberes protocientíficos às ciências se assinala essencialmente por uma tal descoberta. Porém, uma vez constituído o paradigma propriamente científico de um conhecimento, a história mostra que aparecem de tempos em tempos conceitos *constitutivos* que, definindo um campo novo no interior de uma ciência cuja visão já está estabelecida, abrem caminho para seu desenvolvimento, nela criando até, eventualmente, novos departamentos. Não se trata, evidentemente, dos conceitos auxiliares e de menor alcance, cuja invenção pontua quotidianamente o curso normal da história de uma ciência. No caso anteriormente citado da invenção da análise, à descoberta de uma ferramenta nova juntava-se a de uma "categoria" nova, o conceito de número "transcendente" – o termo é de Leibniz – concebido primeiro, bastante obscuramente, como escapando às construções finitas da aritmética e da álgebra, e que só será esclarecido na época moderna, com a explicitação do conceito de número "real", com a demonstração da transcendência de certos números conhecidos da análise e da geometria (π, e base dos chamados logaritmos naturais) e com a construção explícita de uma classe geral de números transcendentes (Liouville). Eis aqui outro exemplo tomado da economia política: o de "utilidade", simultaneamente introduzido por Jevons (1871) e Walras (1873), que constitui e define um campo de objetos (virtuais) descritos pela economia marginalista (vide Capítulo quinto, parágrafo I.5).

3. Assim, os progressos de cada ciência se realizam realmente por invenções e renovações, mas sempre tendo como fundo conhecimentos anteriormente acumulados. É por isso que o estudo da história das ciências é absolutamente necessário para quem queira compreender e interpretar o sentido e o alcance das descobertas atuais. Mas essa história, longe de se reduzir a uma cronologia das descobertas de fatos que a balizem, ou mesmo à crônica das invenções de novas ferramentas, é antes de tudo uma *genealogia* das "categorias" que sucessivamente constituíram os objetos de uma ciência. A formação sucessiva dos conceitos fundadores não depende essencialmente de circunstâncias extrínsecas à própria ciência. Certamente, a data e as condições de seu surgimento resultam, em ampla medida, das situações econômicas, políticas e ideológicas da sociedade em que ela deve ocorrer, assim como da história e da psicologia pessoal dos cientistas criadores. Mas o próprio encadeamento de suas descobertas só depende, em última instância, de um *movimento interno* dos conceitos. Sem dúvida, a passagem de uma mecânica clássica a uma mecânica relativista precisamente em 1905, com a publicação do artigo de Einstein sobre a eletrodinâmica dos corpos em movimento, é realmente um acontecimento, nem mais nem menos imprevisível do que qualquer acontecimento histórico, pertencente ao mesmo tempo ao devir da sociedade alemã e suíça e ao devir individual de Albert Einstein, funcionário do Serviço Federal das Invenções de Berna, jovem marido de Mileva Maritsch. Mas o estudo interno da nova teoria mostra que a inovação é uma resposta, genial, a obscuridades, a insuficiências, mas também a interrogações positivas suscitadas pela relação entre a eletrodinâmica de Maxwell e a mecânica de Newton. O reconhecimento de uma tal *racionalidade interna* da história das ciências não deve, porém, diminuir em nada o talento e o gênio dos cientistas inovadores; pois eles são *indivíduos* que, tendo sido os primeiros a compreender os aspectos negativos dos conhecimentos já constituídos, descobriram soluções e fizeram avançar a ciência, apesar de serem, é claro, parcialmente condicionados por seu ambiente e por seu tempo.

Conclusão

A ciência é uma das mais extraordinárias criações do homem, ao mesmo tempo pelos poderes que lhe confere e pela satisfação intelectual e até estética que suas explicações lhe proporcionam. No entanto, ela não é lugar de certezas absolutas e, exceto nas matemáticas, no qual sabemos exatamente as condições em que um teorema é verdadeiro, nossos conhecimentos científicos são necessariamente parciais e relativos.

É limitado o campo em que a visão científica de conhecimento pode legitimamente se exercer? Devemos traçar fronteiras à ciência? A resposta é *não*, no sentido de que nenhuma razão derivada da natureza da ciência obrigue a se delimitar seu campo de investigação. No entanto, nem toda espécie de fenômeno lhe é igualmente acessível. O obstáculo único, mas radical, me parece ser a realidade *individual* dos acontecimentos e dos seres. O conhecimento científico exerce-se plenamente quando pode *neutralizar* essa individuação, sem alterar gravemente seu objeto, como acontece em geral nas ciências da natureza. No caso dos fatos humanos, ela se empenha por envolver cada vez mais estreitamente o individual em redes de conceitos, sem esperar um dia poder atingi-lo. Este é o único sentido de uma limitação da ciência.

Por outro lado, a ciência não se propõe de modo algum resolver as questões que envolvem escolhas de valor. Vimos que ela própria levanta problemas éticos; sem dúvida, ela deve contribuir para nos informar e nos esclarecer a respeito desses problemas, mas absolutamente não seria capaz de resolvê-los. O erro mais grave sobre esse ponto consistiria em transformar conhecimentos positivos cientificamente estabelecidos em preceitos de escolha e de ação.

Feitas estas reservas, diante da ciência, não devemos ostentar nem um ceticismo desconfiado, nem uma fé cega, e sim uma admiração profunda e uma confiança razoável.

LÉXICO DE ALGUNS TERMOS CIENTÍFICOS

Contínuo (Hipótese do)

Constrói-se o infinito, segundo Cantor, por duas vias. Uma, *ordinal*, por passagem ao limite da enumeração dos inteiros naturais, iterada para além desse primeiro limite. Chamam-se *alefs* esses infinitos sucessivos: *alef zero* é o primeiro infinito, limite da sequência dos inteiros naturais. Obtém-se, assim, uma hierarquia de *alefs*.

O conjunto das partes do primeiro conjunto *cardinal* infinito (o enumerável) é, aliás, identificado ao *contínuo*, conjunto dos pontos de um segmento, representado, por exemplo entre 0 e 1, por todos os desenvolvimentos decimais ilimitados. Cantor mostra que um tal conjunto de partes não pode ser posto em correspondência biunívoca com o conjunto gerador; ele tem uma "potência" superior; tem-se, pois, um novo modo de geração – cardinal – de infinitos sucessivos.

A hipótese do contínuo afirma que esse infinito é idêntico (tem a *mesma potência*) ao primeiro *alef* que se segue a *alef* zero: *alef* 1.

Corpo

Os números racionais (frações) e os números "reais" formam *corpos*, para as quatro operações; o conjunto de inteiros relativos não forma um corpo. Um corpo é um conjunto de objetos, aliás quaisquer, dotado de duas operações que podemos grafar + e *×, por exemplo, com as seguintes propriedades:

- elas são *associativas*:

    $(a + b) + c = a + (b + c)$
    $(a *× b) *× c = a *× (b *× c)$

- a operação + é *comutativa*:

    $a + b = b + a$

- a operação *× é *distributiva* relativamente a +:

    $(a + b) *× c = (a *× c) + (b *× c)$
    $c *× (a + b) = (c *× a) + (c *× b)$

- existe um elemento *unidade* para +, grafado 0:

    $a + 0 = 0 + a = a$

- e a cada elemento *a* corresponde um *inverso* para a operação +, grafado (-*a*):

    $a + (-a) = 0$

- existe um elemento *unidade* para a operação *×, grafado 1:

    $a *× 1 = 1 *× a = a$

- existe para todo elemento *a* um *inverso* para a operação *×, que se grafa a^{-1}:

    $a *× a^{-1} = 1$

É o caso das frações e dos reais, mas não dos inteiros, exceto a unidade.

Corpo negro

Num recinto fechado de paredes interiores perfeitamente refletoras, levado em equilíbrio térmico a uma temperatura T, a teoria termodinâmica diz que a essa temperatura corresponde uma radiação eletromagnética de energia e de espectro bem determinados.

Cicloide

Curva descrita por um ponto fixo de um círculo que rola exteriormente sobre uma reta, ou sobre um outro círculo (epicicloide).

Entropia

Num sistema físico que recebe ou fornece calor e trabalho mecânico, a variação de entropia é uma função que só depende do estado inicial e do estado final, definida como soma dos quocientes $\frac{dQ}{T}$, sendo dQ o calor trocado à temperatura absoluta T durante transformações infinitesimais *reversíveis*, nas quais se supõe decomponível a transformação do sistema. Se toda essa transformação *for reversível* e voltar ao estado inicial, a variação de entropia será nula (Clausius).

Boltzmann interpretou essa grandeza para um sistema formado de partículas que não interagem com o exterior, e de energia constante, como a probabilidade de ele se encontrar no estado termodinâmico em que se encontra, ou seja, como proporcional ao número de microestados possíveis definidos por uma distribuição dos estados energéticos das partículas que correspondem ao estado energético global.

Esperança matemática

Num sistema abstrato de probabilidades, é a soma dos produtos de cada um dos valores possíveis de uma variável aleatória por sua probabilidade. A origem histórica se encontra nas análises de Pascal do valor esperado de um jogo de azar. No jogo de cara ou coroa, se eu ganhar 2 F para cara, 1 F para coroa, o valor do jogo – sua esperança matemática – será: $2 \ast \times 1/2 + 1 \ast \times 1/2 = 1{,}5$ F, sendo as probabilidades do resultado cara e do resultado coroa supostamente iguais a 1/2.

Geometrias não euclidianas

Desde a Antiguidade, as geometrias tentaram demonstrar, com base nas outras definições, axiomas e postulados do livro I dos *Elementos*, de Euclides, o quinto postulado: "Se uma reta cortar duas outras retas formando ângulos internos do mesmo lado cuja soma for inferior a dois retos, as duas retas indefinidamente prolongadas se cruzarão desse lado".

No início do século XVIII, Saccheri, em Pavia, reduziu a questão à consideração de um quadrângulo do qual dois lados sejam iguais e dois ângulos, retos. Supor que os outros dois sejam também retos é aceitar o postulado de Euclides; que eles sejam obtusos ou agudos é negar o quinto postulado. No caso obtuso, de um ponto do plano tomado fora de uma reta não se pode traçar *nenhuma* reta que não a encontre; no caso agudo, de um ponto de um plano tomado fora de uma reta existe um *feixe* de retas que não a encontram. Saccheri foi o primeiro a deduzir, da suposição da veracidade de cada uma destas duas últimas hipóteses, numerosas e interessantes consequências, das quais, erradamente, acreditou poder deduzir contradições.

O russo Nicolas Ivanovitch Lobatschevski, a partir de 1823, desenvolveu uma geometria que não satisfazia o axioma de Euclides, correspondente ao caso do ângulo agudo: a pangeometria ou geometria imaginária. O húngaro Johann Bolyai estabeleceu, por sua vez, uma geometria "absoluta", independente do postulado de Euclides (1832). Outros matemáticos, entre os quais Gauss, tiveram na mesma época a ideia de um desenvolvimento não contraditório de geometrias que recusassem o quinto postulado de Euclides.

Hilbert (Espaços de)

São espaços vectoriais sobre o corpo dos reais ou dos complexos, dotados de "produto escalar" sempre definido como positivo. O "produto escalar" define uma norma dos vectores: no caso dos espaços vectoriais reais comuns, essa norma é a raiz quadrada do produto escalar de um vector por si mesmo. Ela possibilita definir distâncias entre dois vectores como norma da diferença entre eles. Os espaços de Hilbert são *completos*, ou seja, para a métrica definida pelo produto escalar, toda sequência de Cauchy (em que a distância entre dois termos quaisquer é, a partir de certo nível, tão pequena quanto se quiser) é neles convergente. O espaço das "funções de onda" da teoria quântica é um desses espaços, e tem uma infinidade de dimensões.

Homografia

Uma transformação que aplique uma reta sobre outra reta, um plano sobre outro plano. No espaço reduzido a uma reta, a coordenada *x* de um ponto é transformada em:
$\frac{ax + b}{a'x + b'}$, sendo *a*, *b*, *b'* números reais quaisquer e *a'* não nulo.

Lineares e afins (Transformações)

Uma transformação linear de um real x é definida pela equação: $x' = ax$; uma transformação afim, pela equação $x' = ax + b$, sendo a e b reais quaisquer.

Maxwell (Equações de)

James Clerk Maxwell, físico escocês, em seu *Tratado da eletricidade e do magnetismo* (1873), reduziu a explicação dos fenômenos estudados por Faraday e Ampère, assim como das leis que descobriram, a um sistema muito simétrico de quatro equações diferenciais de derivadas parciais, ligando o campo elétrico e o campo magnético, a densidade de cargas elétricas e a densidade de corrente elétrica.

Quatro cores (Teorema das)

Constata-se com facilidade que para colorir um mapa plano (ou esférico) indefinidamente estendido, recortado em regiões conexas (não fragmentadas), de tal sorte que duas regiões contíguas nunca tenham a mesma cor, são *necessárias* quatro cores. *Bastam*, sempre, quatro cores? Este problema aparentemente anódino de topologia algébrica só foi resolvido, afirmativamente, em 1977, e com a ajuda de um computador.

Riemann (Hipótese de)

A função Dzeta, introduzida por Euler, é uma função da variável complexa s: $z(s) = \sum_{n=1}^{\infty} n^{-s}$ analítica para parte real de $s > 1$ e prolongável para $s > 0$ numa função que se torna infinita apenas em $s = 1$. Ela é, identicamente, igual ao produto infinito: $\pi \ (1 - p^{-s})^{-1}$ estendido *aos números p primos*. Esta função anula-se em pontos de parte real -2, -4 etc. (zeros triviais). Ela tem uma infinidade de zeros de parte real 1/2. Não se sabe demonstrar se ela tem outros zeros. Riemann conjecturou que todos os zeros da função Dzeta são diferentes dos zeros "triviais" na reta do plano complexo $s = 1/2$.

Ora, as tentativas de demonstrar a hipótese revelaram os laços dessa função com as propriedades mais misteriosas e mais profundas dos números primos.

Russell (Paradoxo de)

O lógico e filósofo Bertrand Russell, depois de ter reconstituído, valendo-se de noções puramente lógicas, os objetos matemáticos fundamentais, cuja primeira amostra é a noção de conjunto, dá-se conta de que essa noção de conjunto, tal como a determinou, é contraditória. Uma formulação intuitiva simples dessa contradição aparece se imaginarmos um conjunto como um catálogo que mencione seus próprios elementos. Alguns catálogos se mencionarão a si mesmos, outros não. Mas o catálogo de todos os catálogos que não se mencionem a si mesmos (construção permitida pela teoria russelliana dos conjuntos) é um conceito contraditório: pois esse *super* catálogo não pode, por definição, mencionar-se a si mesmo; mas, nesse caso, ele deveria mencionar-se a si mesmo...

Semicondutor

A condutibilidade de alguns metais – ou seja, a mobilidade dos elétrons livres que eles contêm – varia em função da temperatura e do campo elétrico a que estão submetidos, e também sob o efeito de impurezas introduzidas em seus cristais. Os transistores utilizam a possibilidade de comandar, por uma diferença de potencial, a intensidade ou a voltagem da corrente assim ocasionada. Combinadas várias espécies de semicondutores, estes desempenham o mesmo papel de retificação ou de amplificação que as válvulas eletrônicas.

Bibliografia

BACHELARD, G. *Le rationalisme appliqué*. Paris: PUF, 1949.

BERTHELOT, J.-M. *L'intelligence du social*. Paris: PUF, 1990.

CARNAP et al. *Manifeste du Cercle de Vienne*. A. Soulez (dir.). Paris: PUF, 1985.

CAZENOBE, J. De Maxwell à Marconi. *Bulletin d'histoire de l'électricité*, n. 5, 1985.

CLAVELIN, M. *La philosophie naturelle de Galilée*. Paris: A. Colin, 1968.

DAGOGNET, Fr. *Tableaux et langages de la chimie*. Paris: Le Seuil, 1969.

DAUMAS et al. *Histoire générale des techniques*. Paris: PUF, 1965-1968.

DESCARTES, R. *Discours de la méthode*. Édition de la Pléiade. Paris: Gallimard, 1952. (Oeuvres)

FEYERABEND, P. K. *Contre la méthode*. Paris: Seuil, 1979.

GRANGER, G. G. *La théorie aristotélicienne de la science*. Paris: Aubier, 1976.

_____. *Essai d'une philosophie du style*. 2. ed. Paris: Odile Jacob, 1988.

KUHN, T. S. *Les révolutions scientifiques*. Trad. francesa, 1962.

LÉVI-STRAUSS, C. *Les structures élémentaires de la parenté*. Paris: Plon, 1949.

SÉRIS, J. -P. *Machines et communication*. Paris: Vrin, 1987.

SOBRE O LIVRO

Coleção: Ariadne
Formato: 12 x 21 cm
Mancha: 20,6 x 43 paicas
Tipologia: Garamond 10,5/13
Papel: Pólen 80 g/m² (miolo)
Cartão Supremo 250 g/m² (capa)
1ª edição: 1994
2ª reimpressão: 2012

EQUIPE DE REALIZAÇÃO

Produção Gráfica
Sidnei Simonelli (Gerente)

Edição de Texto
Fábio Gonçalves (Assistente Editorial)
Maria Cristina Miranda Bekesas (Preparação de Original)
Bernadete dos Santos Abreu (Revisão)
Casa de Ideias (Atualização Ortográfica)

Editoração Eletrônica
Casa de Ideias (Diagramação)

Projeto Visual
Lourdes Guacira da Silva

Impressão e acabamento